東野鉄道の情景

P（すべて）：J.ウォーリー・ヒギンズ　所蔵：名古屋レール・アーカイブス

箱型DLのDC202を先頭に、気動車改造の2軸客車を3両挟んで最後尾がキハ501という雑多な通学列車。まだ暑い日だったようで、客扉から身を乗り出して涼を取る男子学生の姿も見られる。国鉄キハ07を短くしたような流線形のキハ501は元五日市鉄道の出自。　1962.9.23　大田原付近

日本車輌製の典型的な2軸ガソリンカーであるキハ20。窓が大きく明朗なスタイルで模型ファンにも愛された存在。　1962.9.23　黒羽

箱型DLのDC20形は津軽鉄道からの譲渡車で、201・202の2両が存在。これもどちらかというと模型のプロトタイプとしての知名度の方が高い車両と言えよう。写真はDC202の方で、まだ茶色に塗られる前の時代、グレー塗装を維持している。

1962.9.23　大田原付近

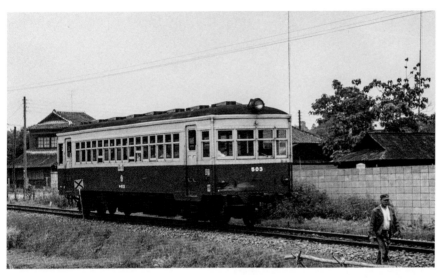

キハ500形3両のうち、502・503は501と全く異なる出自で国鉄のキハ41000／04の譲渡を受けたもの。形態的にもほぼ国鉄時代を維持しており、特に写真の503は客扉がプレスドアに交換されて少し近代的なイメージだった。

1962.9.23　大田原付近

ヒギンズ氏訪問の時点では既に無煙化が達成され、この1号機は予備機として残された状態だったようだ。1896年・アメリカのボールドウィン製1B1のタンク機で、この時点でも相当のオールドタイマーであった。

1962.9.23　黒羽

上武鉄道
の情景

A8系古典機の4号機が貨車を連結して停車している姿。この機関車はイギリス・ナスミスーウィルソン製で日本鉄道が輸入、その後房総鉄道→国有化→川越鉄道（西武鉄道の前身）と流れ流れ、1961年に上武鉄道に流れ着き、同地でその火を落とした。現在は芝浦工大附属中学高等学校に403号機という国鉄時代のナンバーを付けて保存されている。
　　　　1963.1.26　西武化学前

4号機＋無蓋貨車＋ハフ3のミキスト編成。奥側には縦型ライトが特徴だった日産製ボンネットトラックの姿も見える。
　　　　1963.1.26　丹荘

日本車輌製の極初期のDLであったD1001。端梁はもちろんキャブ全体までゼブラ模様で工場内入換機のごとしだが、れっきとした本線用主力機であった。出自は鹿島参宮鉄道で、当地に来てからエンジン換装等が行われた由。
　　　　1963.1.26　西武化学前

小さな2軸客車ハフ3は元は日車製のガソリンカーを
客車化したもの。その途中経過が非常にユニークなの
だがそれは本文参照。一時期は同鉄道ただ1両の旅客
用車両だった。左手奥に4号機。　　1963.1.26　丹荘

上武鉄道は元々が日本ニッケル株式会社の
専用鉄道だった成り立ちから貨物輸送がメ
インであった。4号機が牽く比較的長そうな
貨物列車には無蓋車有蓋車が連なっている。
　　　　　　　　　　1963.1.26　丹荘

西那須野から乗車したキハ501は大田
原でボールドウィンの2号機の牽くミ
キストと交換した。正面から見ると2
輛目のワムの方が背が高いのが判る。
1954.3.9　大田原　P：竹中泰彦

は じ め に

栃木県の人たちは栃木県の古い地名である下野、「しもつけ」という言葉がお好きなようだ。企業の出入り業者の懇親会に「しもつけ会」というネーミングをよく目にするし、鉄道でも下野軌道、下野電気鉄道（現在の東武鉄道鬼怒川線）が存在し

た。東野（とうや）鉄道という社名はおそらく下野の国の東のはずれという意味であろう。黒羽でぶち当たる那珂川を越えて、かつて東野鉄道が目指した大子町はもう常陸の国だ。

那珂湊を河口に北上する那珂川に沿って点在す

る集落に向けていくつかの支線が延びていた。

　まず水戸から那珂川沿いに御前山村までの茨城鉄道、国鉄の真岡線、烏山線、そして今回取り上げた東野鉄道である。興味深いのはこれらの鉄道の多くに延長計画があり、水郡線を含めて各鉄道が連絡する遠大な構図であった。

　いま鮎釣りでにぎわう那珂川の清流を望む集落は国道293.294号線などで結ばれ、静かなたたずまいの中にあるが、大正から昭和初頭にかけて、鉄道建設熱がこの地にもあったのは興味深い。

雑草が生い茂る黒羽構内。廃止目前とあって寂れてはいるが、その構内の広さに昔日の賑わいが感じられる。車輌は左からキハ502、DC201、右手の機関庫からはキハ503が顔を出している。

1968.7.7　P：西村慶明

プロローグ

　1954年3月9日、僕は上野を9時ちょうどに出発した急行〈青葉〉の食堂車にいた。半室しかない車内で、同行者は二人。大学生の竹中泰彦さん、大学院に通う井口悦男さんはともに、僕にとっては趣味の大先輩である。院生の井口さんは研究室からの直行とかで、朝食を食堂車で摂ることになり、そのお相伴に預かったわけであった。

　特急列車のまだなかった時代、急行〈青葉〉は東北本線を走る昼汽車の中では花形であった。編成は11輌、3段組成で先頭から食堂車、特別2等車を含む5輌は仙台止まり、8・9号車は上野を50分あとに出る常磐線経由の急行〈みちのく〉に仙台で併結され、青森ま

で行き、後ろに連結された2等車1輌を含む5輌は、福島から普通427列車として秋田まで行くという、今日ではとても考えられない楽しい列車であった。

　この列車は西那須野に11時35分に着いた。東野鉄道のホームにはすでにキハ501が待機しており、これが11時56分発で勇んで乗車、黒羽に向かう。このあたり45年も前の話だからほとんど記憶に残っていないが、食堂車のハムサンドと紅茶は今でも覚えているし、東野鉄道で黒羽に向かう途中の交換駅で、Baldwinの2号機が牽引するミキストに出会ったことも覚えている。当時まだ東京付近の常総筑波鉄道や鹿島参宮鉄道、東武鉄道などでは蒸気機関車の活躍は見られたのだが、まだまだ駆け出しのころであってそんなに多くは見ていなかったし、一方、臼井茂信さんの『国鉄蒸気機関

▲カタカナの「ヤ」の字を5つずつ、10個を二重にグルーッと回して「ト
ウ・ヤ」。古い時代に見られた社紋パターンのひとつだ。P：花上嘉成

▲（上）国鉄側から見た東野鉄道西那須野駅ホーム。
1968.7.7　P：西村慶明

◀西那須野の構内で憩うBaldwin、今日の出番は2号機だ。黒羽からミキ
ストを率いて来た古典ロコは東北本線からの貨車を受け取るまで客車
とともにしばしの休息を取った。　　　　1958.7.27　P：上野　巌

9

車小史』で紹介されたこの形式200というBaldwinの小型機関車には一種の強い憧れを抱いていたので、それだけに印象は鮮明であった。

黒羽の駅はかなり広々としていた。立派な大谷石で作られた農協の倉庫が何棟も線路に沿って建てられ、付近には貨車もたくさん置いてあった。蒸気機関車や気動車のいる車庫には上屋根のある部分が多くて、車庫横に並んだ貨車の間に明らかに国産と思われるCタンクが放置されていた。機関区の事務所で見学の許可を求めると、それから先は大歓迎であった。当時、蒸気機関車は4輌が在籍していた。Baldwinの1号機と、PittsburghのC251こと、形式1690は庫の奥に入っていたが、仕業中の2号機が戻ったらクラの外に引き出していただくことになった。

到着した2号機に貨車を1台はさんで、クラから2輌のオールドタイマーの引き出しにかかった。2号と交代で使用されている1号機は手入れも良く、今にも走り出しそうに整備されていた。1690のほうはめったに走ることはないそうで、やや影が薄かったが、さすがにデザイン的に優れたPittsburgh、その均整の取れたスタイルはわれわれを魅了した。記念撮影はこの機関車の前で行ったのはいうまでもない。ただ、残念な

突然の訪問にもかかわらず、機関区全員に集まってもらった記念写真。左から二人目が区長さん、右端の学生帽がわれわれで、当時の鉄研活動の標準ファッションだった。　　　1954.3.9　Ｐ：井口悦男

ことにはその後キハ503が増備され、完全に余剰となったのか、このあとすぐに廃車になってしまった。

気動車は日中はボギー車2輌が主力として働いていたが、キハ10・11・20の3輌の2軸ガソリンカーたちも美しく塗り分けられて、ラッシュには出場するとのことであった。

梅鉢製の好ましい木造客車たちも現役であった。車内は木製の小さなクロスシートが並び、しっかりしたつくりで手入れも良く、混合列車の主役であった。

出発準備の2号機、給水スポートと石炭積み込み場が機関車の陰に見えている。左手のキハ20は単車で営業に就いていた。　1958.7.25　Ｐ：上野　巌

▶ （右頁）黒羽の構内に小さな転車台が残っていた。いくら小さいといっても1・2号機の軸間距離は6m以上あったから、当然乗れない大きさであり、かつて活躍した丸山の単端のために設けられたのかもしれない。

　　　　　　　　　　　　　　　　　　　　　　　　　　　　　　　　1967.5.3　Ｐ：吉川文夫

ヒストリー

　東野鉄道は1916年2月8日、資本金50万円で設立、2年後の1918年7月17日、西那須野－黒羽間13.6kmが開業した。これに先立ち、1913年8月15日に栃木県那須郡西那須野村から、茨城県久慈郡大子町までと、途中分岐して栃木県烏山町に至る軽便鉄道の免許を取得している。

　これより溯ること15年、1901年ごろ、当時、那須野ヶ原の中心であった大田原町と東北本線を結ぶ那須人車鉄道が計画され、1908年7月13日開業を見た。全線

キハ501に取り付けられた黒羽・西那須野間の方向板。手書き文字もなかなか味わい深いものがある。　1968.12.1　黒羽　P：花上嘉成

4kmあまり、軌間は762ミリメートルで、西那須野駅東側の現在はオーバーパスになっている大田原街道のもとの踏切あたりを起点に、大田原街道の右側に敷設されていたといわれる。大田原の町に入ると二手に分かれて寺町と下町が終点であった。動力は当初人力であったが、1918年に馬力を導入した。客車は6人乗りと8人乗り、全長6尺、幅4尺6寸という小型であった。しかし、すでに1918年7月には東野鉄道が、大田原から先、黒羽まで開通したわけで、那須軌道（1917年改称）はその影響をまともに受けて、1920年ごろから列車は走らなくなって放置され、1929年度には全線休止、1934年には特許を返上してしまう。晩年は「大田原の邪魔になる人車軌道」（1925年12月26日付、下野新聞）と遺された軌道は邪魔者扱いにされて哀れな末路であったようだ。

　東野鉄道の黒羽からの那須小川までの延伸は1924年12月6日である。三宅俊彦さんの調査によれば、延長当初、列車の本数は上下6列車の運転本数があり、機関区のある黒羽駅からの始発、終列車を考慮しても、全線ほぼ同じ本数の列車が走ったようである。しかし、1928年にガソリンカーを導入する頃から、西那須野－黒羽間には列車の増発が行われたものの、黒羽－那須小川間の列車本数は増えなかった。路線延長によって

■停車場一覧

駅 名		西那須野 起点距離	記 事
西那須野	にしなすの	0 km	
乃木神社前	のぎじんじゃまえ	1.6km	停留所
大高前	だいこうまえ		停留所
大田原	おおたわら	4.6km	交換設備あり
中田原	なかたわら		停留所
金丸原	かねまるはら	9.8km	交換設備あり（1960.4撤去無人化）
白旗城址前	しらはたじょうしまえ		停留所
黒羽	くろばね	13.1km	交換設備あり／機関区あり
湯津上	ゆづがみ	16.2km	1939.6廃止
笠石前	かさいしまえ	18.2km	停留所 1939.6廃止
佐良土	さらど	21.3km	停留所 1939.6廃止
那須小川	なすおがわ	24.4km	停留所 1939.6廃止

国土地理院発行1：50000地形図「塩原」（昭和21年12月28日発行）、「大田原」（昭和22年4月30日発行）、「喜連川」（昭和21年10月30日発行）より転載。

2号機の牽く西那須野行き混合列車。珍しく梅鉢製のハニフ1と日本車輌製造のハニフ10が使用されていた。まさに古き佳き時代の東野鉄道を象徴するカットである。黒羽ー白旗城址前　1958.2　P：園田正雄

国鉄東北本線を西那須野で下車し、狭い跨線橋を降りるとそこに東野鉄道の改札口があった。木製の改札ラッチで係員が所在なげに乗客を待つ。

1968.7.7　P：西村慶明

西那須野のホームにあった待合室。自転車やバイクが置いてあるのは良く見られた風景であった。壁に掲げられた時刻表を見ると、この時点でも夕方の１本が「列車」であることが分かる。客車は朝黒羽から出てきて夕方まで西那須野で休んでいるのだ。

1968.7.7　P：西村慶明

期待された乗客の数や取り扱い貨物量は、昭和に入っても一向に増加しなかった。

　さらに昭和に入って1929年10月、ニューヨーク株式取引所で発生した株価の大暴落によって引き起こされた「昭和の恐慌」も災いして、1939年6月1日、黒羽－那須小川間を廃止してしまった。開通以来15年半という異例とも思える短い歴史であった。このような状態であったから、烏山町や大子町への延長など思いもかけぬことであったのだろう。ちなみに東野鉄道全線が廃止された10年後の1978年の統計では、東野鉄道が走り抜けた沿線の人口は西那須野町26,456人、大田原市44,036人、黒羽町17,526人、湯津上村6,043人、小川町7,660人であり、戦中戦後大規模に開拓された那須野ヶ原も荒涼とした農地が広がるばかりで、鉄道が走るにはきわめてきびしい環境にあった。

　実際に列車に乗ってみると西那須野から10分ほどで到着する大田原の町がこの鉄道の中心であり、西那須野から乗ってきた乗客のほとんどが降りてしまうという状態だったから、黒羽にしてみても、鉄道事務所や機関庫がなかったらとうの昔に路線短縮の犠牲になったのかもしれなかった。大田原は最初の交換駅でもあり、構内も広く貨物ホームもあった。また1953年ごろ

蛇尾川橋梁は台風26号によって破壊された。すでに鉄道廃止の動きが出ていたが、翌年1月5日復旧した。　　1966.11.27　P：高井薫平

小雨に煙る大田原駅で発車を待つキハ501。大田原は沿線最大の市街地であり、乗降客も多かった。　　　　　　　　P：宮田道一

大田原駅。瓦葺の大屋根を持つどっしりとした木造の建物で、中央から入って改札口を抜けるとホームにつながっている。　　P：宮田道一

から鉄道廃止の頃まで、西那須野－大田原間の折り返し列車も設定されていた。

　大田原を出た列車は街を抜けるとすぐに滝城公園の下を抜けるトンネルに入る。そしてトンネルを抜けると蛇尾川鉄橋を渡る。この鉄橋、トンネルとも東野鉄道唯一のものであった。大小3つのトラスが連なるこの鉄橋は1966年9月25日、この地を襲った台風26号によって路盤が流失した。地元紙によればすでに鉄道廃止の話がささやかれ始めた時期であり、復旧が危ぶまれたが、3ヶ月あまりの期間を要して復旧した。

　また、西那須野起点9.8キロメートルにあった金丸原は2つ目の交換駅である。このあたりには陸軍の練習用飛行場があり、終戦まで活況を呈していたが、1965年4月駅員無配置駅となり、交換設備も撤去された。

　この鉄道が気動車を導入したのは1928年のことである。湯口徹さんの調査では丸山車輌製の木造の単端式だったといわれるが、早くも1932年には日本車輌の手によって鋼体化改造がなされたという不思議な車である。この車の投入により、フリーケンシーが図られ、西那須野－黒羽間では12往復、気動車が運転される一方、蒸気列車の本数は半減した。しかし、これまで西那須野－黒羽間とほぼおなじ列車本数が走っていた黒羽－那須小川間は1・2往復が増えたのみであった。

その後キハ10、キハ20の増備が続いて1935年には時刻表上での客貨分離は完了したように見えるが、定員50名程度の2軸ガソリンカーで通勤輸送に対応できたかは明らかではない。また、戦時中にはガソリン事情が悪く、1941年には蒸気列車が復活、同時にガソリンカーの代燃化もおこなわれているが、約半分の列車が機関車牽引に戻った。

　ボギーの大型気動車が入線したのは1950年のことで、蒸気機関車の牽引する列車は少なくとも交通公社の時刻表からは読み取れなくなった。しかし、実際には1954年最初の東野訪問の時は混合列車の運転は見られたし、その後の多く撮られた写真でも明らかである。

　資料によると乗客の利用数は終戦直後の1947年の210万人をピークに年々減少傾向にあり、さらに乗客の減少は加速度的で1966年にはついに100万人を切った。貨物輸送のほうはもっと厳しく、かつて年間100万トンを超えた物資輸送も、1956年の84万トンを最後に、翌年には5万4千トンと激減してしまう。それでも貨物列車やミキストを牽く古典ロコの活躍が見られる貴重な鉄道であった。

　1961年、老朽化した1・2号機関車に置き換えるため、津軽鉄道から中古のディーゼル機関車を導入したものの、1日走ると修理に2日掛かるというくらい、保守に手のかかるものだったし、3輌あったディーゼ

ルカーもすでに当時としては珍しくなった機械式気動車であった。旅客の輸送人員も終戦直後の1947年、200万人を超えたのがピークで、1966年には100万人を割り込み、以後加速度的に減少していった。すでに「東野鉄道撤去反対同盟」なる組織が地元に出来上がっていた。前述の蛇尾川鉄橋復旧のチラシは1967年の正月に沿線住民に配布されたが、このチラシは東野鉄道と反対同盟が連名で発行した珍しいものであった。

　しかし、復旧後わずか２年足らずで東野鉄道は終焉を迎えることなる。会社としてはこの間合理化のためのさまざまな手当てを講じていた。駅員無配置化、駅業務の合理化、保線作業の外注化、そして1966年度に

P：西村慶明

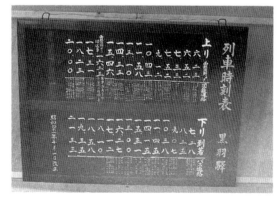

▲昭和41年10月１日現在の黒羽駅の列車時刻表、面白いのは16時33分発の「西那須野ゆき廻送車」記事欄に「乗車出来ます、但し停留所は通過します」と書いてある点だろう。交通公社の時刻表には載っていないが、実質的な快速列車である。　　　　　1967.5.3　P：吉川文夫

◀黒羽で発車を待つ２号機の牽く貨物列車。昭和30年代初頭はまだまだ貨物輸送量も多く、左の貨物上屋にも筵が山積みになっている。
　　　　　　　　　　　　　　　　　　　1958.2　P：園田正雄

は鉄道業の要といえる機関区を廃止して、車輌保守の一切を自動車整備工場に移管してしまったほどであった。

そして1968年、「鉄道事業（東野鉄道／西那須野・黒羽間）の廃止について」というチラシが沿線住民に配布された。鉄道廃止のチラシはこれまでにも他社の例を見る機会はあったが、東野鉄道のそれは、当事者の鉄道廃止にかかる無念さが切々とつづられたリポートに仕上がっている。「沿線東野鉄道利用の皆様へ」で始まるこのチラシは、鉄道事業の推移として、鉄道開業から最近まで手をうってきた合理化の内容が淡々と書かれていて、(1) 鉄道事業の推移、(2) 鉄道施設の現状について、(3) 鉄道事業の経理の内容、(4) 鉄道事業を廃止せざるを得なくなった事由、(5) 鉄道廃止後における代替輸送体制の5章に分かれている。

その一部をご紹介すれば (1) では開業から1950年代までは活況を呈していたのが、道路と自動車の普及によって陸上輸送の体系に変化が生じたことを述べ、さらに1958年から1966年間で行われた、さまざまな合理化策が具体的に述べられている。

さらに (2) では施設の現状として建物、施設、車輌に分けて詳細が述べられ、建物では合理化にともなって必要最小限度の施設を残したものの、開業以来50年、いずれ改築が必要なこと、施設については補修して使ってきたが、老朽化が極に達して危険なこと、車輌については老朽化で開業当初のものはほとんど廃車したものの、その後増備したものは、すべて他社からの中古車ばかりであり、故障が多く稼働率も下がる一方で

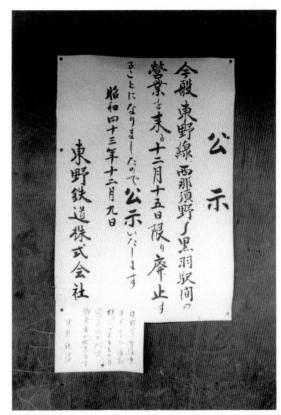

鉄道廃業の「公示」。ここに至るまで様々な掲示が見られたが、最後の掲示は内容だけを伝える「公示」の形がとられた。
1968.12　P：園田正雄

あることなどが述べられている。

また (3) では1959年から1965年までの営業収支の一覧表を掲げているが、これによると1960年から赤字に転落している。

鉄道廃止の日、黒羽の機関区ではキハ502の腰板に鉄道廃止の横断幕を取り付ける作業が進んでいた。
1968.12.15　P：園田正雄

佐良土付近の軌道跡。さらに30余年の歳月が流れた今日ではその痕跡を見出すことさえ困難である。　　　　1968.12.15　P：園田正雄

黒羽と常陸小川の間は鉄道廃止後道路に変更された。まっすぐのびた未舗装道路は現在では場所が特定できない。1968.12.15　P：園田正雄

園田さんは黒羽から常陸小川まで歩いた。8キロ先の箒川の橋梁は廃止後30年を経ながらまだ橋脚が残っていた。1968.12.15　P：園田正雄

　そして東野鉄道は1968年9月、運輸省に鉄道営業の廃止申請を行い、同年12月9日公示、同年12月15日、51年の歴史の幕を閉じた。最後に在籍していた車輛たちは機関車がDC201・202、気動車はキハ501・502・503、客車がハ30・32・33、その他貨車3輛という寂しい陣容であった。その後会社は東野交通と名前を変え、宇都宮に本社を構える完全なバス会社になって現在に至っている。

黒羽駅の構内には廃止となった常陸小川に向けて引き上げ線をかねた線路が200メートルほど延びていた。　　　　1967.5.3　P：吉川文夫

黒羽の印象

　西那須野から13.1キロを30分もかけてやってきた黒羽駅の構内は、戦後すぐの時代、あちこちの地方鉄道のクラがそうであったように、構内にさまざまなストラクチャーが揃っていた。古典ロコのねぐらだった木造の機関庫や彼らが去ったあとも小さな給水塔は健在であったし、その横に手動式のガソリン計量器もあった。かなり広い構内には農協の倉庫に面して、かつていつも農産物がうずたかく積まれていた貨物ホームがあった。

　ほとんど用のなくなった2面のホームは遠い昔路線が常陸小川まで通じていたとき黒羽駅が中間駅であったことを物語っていた。

廃止間際の黒羽機関庫。かつての古典ロコのねぐらもすでに車輌修繕の機能を放棄していた。　　　　　　1968.7.7　P：西村慶明

▲古風なガソリン計量器から給油中のキハ50Ⅰ。すでに新造以来30年以上の歳月を経ているが、大事に使われてきたことが伺える。　　　1968.12.1　P：花上嘉成

▶西那須野に向けて黒羽を出発するキハ502。機関区では僚友キハ50Ⅰが休んでいる。　　　　　　　1968.12.1　P：花上嘉成

◀当直者のものだろうか、構内に布団が干してある。ホームの向こうにたたずむのはDC20Ⅰ。1968.7.7　P：西村慶明

ディーゼル機関車DC202.201が入って老朽化した蒸気機関車を追放したが、同時にこれもかなりくたびれてきた気動車の負担を和らげる効果があったようだ。二軸ガソリンカーのエンジンを下ろしたハ30、2輌を挟んだワブ2輌からなる標準的編成。1968.7.7　大田原　P：西村慶明

車輛たち

I. 蒸気機関車

　東野鉄道には合計5輛の蒸気機関車が在籍した。このうち2輛は1918年の開業に合わせて鉄道省から払い下げを受けたボールドウインの1B1タンク機関車で、実に1960年代まで第一線で活躍していた。

　1924年、那須小川延長に際して増備されたのはドイツ・コッペルのCタンクだったが、1939年の延長区間廃止に先立ち売却されている。

　戦後になると2輛を増備するが、やはり主力は開業から働いていた1・2号機で、あとから増備した2輛の働きの場は少なかったようだ。

形式A（1・2）

　播但鉄道が1896年、アメリカBaldwin社から購入した車軸配置1B1のタンク機関車4・5号機で、製造番号はそれぞれ14665・14666であった。播但鉄道はその後山陽鉄道に吸収されるが、ここでは栄えある1・2号機を名乗っている。1906年国有化されたが、1B1の軸配置では一番小型だったためか、一番若い形式が採用され、形式200（200・201）になった。

　東野鉄道での使用認可は1918年7月4日であるが、1917年10月にはすでに入線しており、建設工事にも使用されたとの話もある。そして、2号は1961年に廃車解体されものの、1号機はディーゼル機関車導入後も予備機として1968年の鉄道廃止頃まで残り、その生涯のほとんどを那須野ヶ原ですごしたことになった。

▲2号機関車のプロフィール。1896年1月、アメリカ、ボールドウィンで製造された運転整備重量27.17トンの小型機関車である。前身は後に山陽鉄道に吸収された播但鉄道5号機で、国有後形式200、201号機となった。東野鉄道には鉄道建設用として払下げられ、開業後もそのまま主力として活躍を続けた。　　　　1958.7.27　P：上野　巌（2枚とも）

◀本線仕業を終えて帰ってきた2号機にクラの奥深く収まっていた1号、C251を引き出していただく。古典ロコ3輌を連結した決定的瞬間、このときは大いに興奮した。
1954.3.9　P：竹中泰彦

車軸竣功圖表　　　東野鐵道株式會社

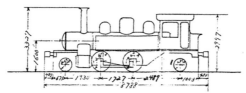

形式称号 第一號　　四輪聯結タンク機関車　　記号番号 1～2

運転整備重量27.17トンという小型機で、貨物列車の先頭に立つと次位のワムのほうが背はずっと高かった。また、先従台車は外台枠式で、この機関車の特徴のひとつだった。

1956年までまだ貨物輸送がかなりの収入源であり、1956年度も年間84万トンぐらい運んでいたので混合列車や貨物列車が走っていた。混合列車に乗るとやけに時間がかかった記憶がある。

形式3 （3）

那須小川延長のため増備したドイツ、Koppel社製のCタンクで運転整備重量は25.13トン、軸距離7ft2in5/8であった。1923年製で製造番号は10614、臼井茂信氏によれば大井川鉄道の注文流れであったといわれているが、写真も見たことがない。ガソリンカーが揃った1937年9月、用途廃止になって小島栄次郎商店に売却、室蘭埠頭に転じたと伝えられている。

▲1・2号機の先従台車はほかに例の少ない独特の外側フレーム式であった。車軸を支える半月形の担いバネが美しく、油で磨きこまれた芸術品であった。　1954.3.9　P：竹中泰彦

◀同じく2号機の先台車部。無理やり前に突き出したような端梁はかなり華奢に見える。　1958.2　P：園田正雄

１号機関車（形式A）のプロフィール。２号機とともに1896年１月、アメリカ、ボールドウィンで製造された軸配列1B1の小型タンク機関車で、なぜか認可書類では「形式A」と記載されている。1917年10月に僚機２号とともに東野入りするまで、この２輌の機関車は常に同一行動をとった。そして２号機が1961年廃車解体された後もディーゼル機関車の予備機として1968年まで在籍した。前身は播但鉄道4号機で、国有後形式200，200号機であった。
1960.7.9　P：小林正義

１号機のバックビューである。コールバンカは申し訳程度に嵩上げされ、これにともなって後部窓は金網状のもので塞がれているのが分かる。解放テコ上のツギアテは火床整理用のポーカー棒を外部から差し込む穴を塞いだもの。
1960.7.9　P：小林正義

形式C25（1690）C251号。形式200とともに憧れの機関車であった。この機関車は国有後形式1690になった太田鉄道引継ぎの水戸鉄道からの買収機関車である。同系機では阪鶴鉄道からの買収機で形式1350がある。運転整備重量は25.4トンと1・2号機に較べて一回り軽かった。1954.3.9　P：竹中泰彦

形式1690（C251）

アメリカは1896年、Pittsburgh製Cタンク機関車である。製造番号は1639であった。1947年10月に南部鉄道から譲り受けたものである。C251という意味ありげ

な形式は当時、東北方式といわれる東北運輸局の指導（仙監理第532通牒）によるもので、動軸数をアルファベットで示し、重量をそのまま組み合わせて形式にする方式。あちこちに同じような形式の機関車が出現し

車輪埃功圖表　　　　　　　東野鐵道株式會社

大輪聯絡タンク機関車

形式標記 C25　　　　　　記號番號 C251

気筒直径×行程---- 330×508
使用最高気圧 ---- 10 Kg/cm²
火床面積 ---- 0.87 ㎡
全伝熱面積 ---- 45.50 ㎡
　煙管 ---- 40.25 ㎡
　火室 ---- 5.25 ㎡
最大寸法（長×巾×高）--- 8660×2311×3400
一公水容量 ----
煙管（通長×数）---- 45×2970×96
機関車重量（運転整備）-- 25.40 ton
機関車重量（空車）-- 22.68 ton

機関車動輪上重量（運転整備）-- 18 ton
水槽容量 ---- 4.26 ㎥
燃料搭載積 ---- 1.07 ㎥
弁装置，種類 ---- ステフェンソン式
牽引重量 ----
制動機，種類 -- ステム及ハンドブレーキ
連結器，種類 -- 自動連結器
車軸（従×長）-- ブール - ナイルソン
従輪車軸 ----

製造所	製造年月	番號	前所有者	旧番号 記事
T3 18364 ピッツバーグ会社 12所			南部鉄道	C251

た。

東野鉄道では予備的存在であったらしく、その美しいスタイルとは裏腹に活躍の場は少なかったようだ。最初の訪問のときにクラの奥からわざわざ引き出していただき、居合わせた機関庫の全員の皆さんと記念撮影をした懐かしいカマである。元々は水戸鉄道から国有化された買収機関車で、その前身は太田鉄道の1号である。国有後形式1690となるが、1929年に南部鉄道に払い下げられた。なお、僚機1691も同様南部鉄道に払い下げられるが、1940年には東北本線岡本駅から分岐する高崎板紙の専用線に転じた。この機関車のプロフィルの美しさは太田鉄道時代に撮られた岩崎・渡辺コレクションが有名で、以前から僕の憧れであった。しかし、1956年5月に訪問した高崎板紙にはその姿はなく、汽車会社のロッド式ディーゼル機関車と加藤か酒井の産業用ディーゼルを見ただけだった。

C251の方もあの記念撮影のあと、活躍することもなく、1956年除籍された。一説では富士重工に売却されたといわれるが、詳細は明らかになっていない。

形式1355（1356）

1948年に国鉄から払い下げを受けたやはり買収機関車で、1949年4月に使用開始した。もともとは相模鉄道2号で、仲間は4輌あった。買収後形式1355（1356号）となった。仲間の1355号は小名浜臨港鉄道に転じてC306になっている。東野鉄道では運転整備重量が30トンで一番大型だったが、あまり使用されなかったようで、後に鶴見の三井埠頭に転じ、5号を名乗って結構活躍した。

汽車会社1924年製造、製造番号は769のCタンク機関車であった。

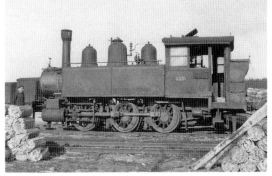

この機関車はサイドビューが特に美しかった。手前の焚き付け用の薪の山がちょっと目障りだが、それでも素敵だ。1954.3.9　P：竹中泰彦

▲形式1355（1356号）。この鉄道唯一の国産機関車、1356号はクラの外にあった。運転整備重量30トンと東野鉄道では一番大型であったが、活躍の機会は少なかったようだ。　　　　　　　1954.3.9　P：高井薫平

▼1956年、1356号機は川崎の三井埠頭に転じた。この専用線には1号（B104）、2号（形式1020）、3号（形式1195）と、英・米・独生まれの古典ロコが揃っていたが、国産機の仲間入りは最初だった。1965年のディーゼル化まで活躍した。　　1964.2.10　扇町三井埠頭　P：高井薫平

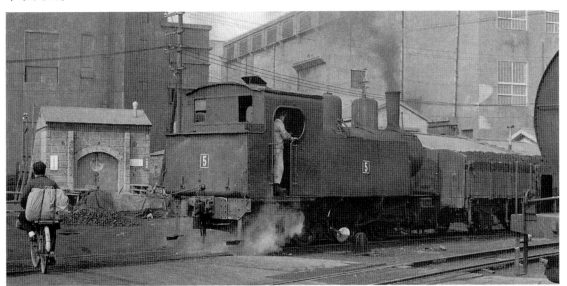

2. ディーゼル機関車

東野鉄道のディーゼル機関車導入は1961年と比較的遅いほうである。しかも、各メーカーから売り込みも激しかった時期に他社からの中古機関車を購入することで無煙化を達成している。

DC20（DC201・202）

津軽鉄道が1952年に新潟鉄工所から購入したC型ディーゼル機関車で、試作的な色彩が濃い。凸型やL型が多い中、箱型というのも珍しく、しかも機械式であった。津軽鉄道では1959年に中央運転台のDD35の増備が進んで余剰となり、まずDC202が1961年5月に、1964年の暮れにはDC201も入線して無煙化が完了した。

運転整備重量20トン、エンジンは入線後交換したというDMH17（150ps）が車内に納まっている。外部色は入線が遅れたDC201は鉄道廃止のときまで津軽時代の薄灰色のままだったが、DC202のほうは茶色に塗り替えられていた。なにぶん創世期のディーゼル機関車であり、保守には手を焼いたようである。たまたまの訪問のとき重連で長い貨物列車を牽いているのを見たが、後で写真を見ると2輌目の機関車には人が乗っておらず、故障した機関車の救援であったことがわかる。貨物列車のほかにもガソリンカーから転用した2軸客車を牽くミキストにも使用された。

▲DC201の面構え。初期のディーゼル機関車のひとつであるこの機関車は珍しい箱型であった。窓にひとつずつ付けられた格好の良いひさしや、その上のタイフォーン、上作用式連結器など賑やかだが、なかなか好感の持てるスタイルであった。　　　　　1968.12.8　P：高井薫平

▼定期貨物列車の先頭に立つDC202。DC201と比べると微妙に形態が異なっているのも面白い。　　　　　1968.12.8　P：高井薫平

DC201は津軽鉄道のDD35が揃うまで津軽に残って、東野鉄道入りは1964年であった。入線のとき特に手を加えていなかったようで、塗色は津軽時代の明るいグレーのままであったが、かなり油で汚れていた。

1968.12.1　西那須野　P：花上嘉成

DC202の入線は1961年5月である。この機関車の導入で一応無煙化が完成した。一度定期検査を受けたので、車体は茶色に塗り替えられた。しかし、この機関車にはやはり明るいグレーが似合った。

1968.12　黒羽　P：園田正雄

前日に西那須野に向かったDC201が故障し、翌日の列車が珍しい重連になった。1と2とで、どこで変わったのか逆向きであることが分かる。
1968.12.8　P：高井薫平

黒羽近くを走る単車のガソリンカー、キハ20。当時東野鉄道の旅客輸送人員は140万人程度で、1列車平均100人以下だから、閑散時にはハンドブレーキ、定員50人程度のガソリンカーで十分だったのかもしれない。
白旗城址前－黒羽　1958.2　P：園田正雄

3．気動車

東野鉄道の気動車はすべて機械式であり、近代化が進む前に鉄道自体が廃止されたともいえる。特に戦後までガソリンエンジンをつけた2軸車が残っていたのも珍しく、ボギー車の導入も戦後しばらくたった1950年のことである。

キハ1（1～3）

1932年、日本車輛で生まれた単端式ガソリンカーといわれるが、湯口徹さんの調査ではそんな簡単なものではないらしい。本当は1928年に丸山車輛で生まれた木造の単端式がその前身で、何らかの理由で日本車輛において車体を作り直すことにしたといわれる。しかし、その後のキハ10形が登場して、1938年にはキハ2が宮崎交通に売却されてハ15になり、キハ1も同時期に小島栄次郎商店を介して日立航空機の通勤用に転用された。

残るキハ3は最初の訪問のとき、車庫の奥に押し込まれていて、うしろから撮った写真が1枚残るだけである。単端式と知らなかったから前まで回らなかった事

キハ3。1933年8月竣功で日本車輛が鋼体化した単端式ガソリンカーだが、1948年8月30日付けで廃車になっており、すでにエンジンはついていなかった。
1954.3.9　P：高井薫平

を40年経った今悔やんでいる。

キハ10（10・11）

1930年、日本車輛で生まれた2軸のガソリンカー。下降式窓の頑丈そうに見える車体で軽快さなど微塵も感

キハ10。日本車輌東京支店1929年6月製の重厚な二軸ガソリンカー。定員50名、ブレーキは手動式、新製当初エンジンはブダKTU(30PS)だったが、いかなる理由によるものか1934年8月に早くもブダDW-6(39KW)に載せ換えている。　　　　　　　　　　　　　　　1958.2　P：園田正雄

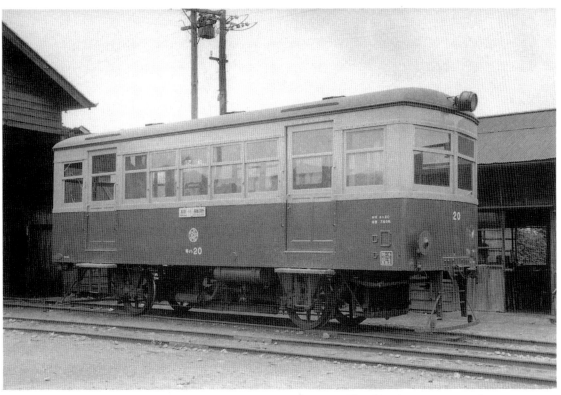

キハ20。1936年9月日本車輌東京支店製の二軸単車のガソリンカー。大きな2段窓の明るい雰囲気の車輌である。エンジンはこの車からウォーケッシャ6MS(41.7KW)に変わっている。なお、ブレーキはキハ10と同様、手動式である。　　　　　　　　　　　　　　　1960.7.9　P：小林正義

じられない車だ。しかし、エンジンを止めて機関車に牽かれると結構さまになり、この無骨なスタイルのガソリンカーはあちこちの中小私鉄に登場した。この車も後にエンジンを下ろして本当の客車になり、ハ32・33を名乗って、廃線まで使用された。

キハ20（20）

　1936年、日本車輌で生まれた。キハ10の増備車だが、2段上昇式窓の軽快なスタイルになった。エンジンはブダからウォーケッシャに変わった。キハ10と同様予備的存在だったが、時々キハ500と組んだりして、増結

キハ20の単台車。貨車型だったキハ10と異なってコイルバネ併用になり、ぐっとガソリンカーらしくなった。　1968.7.7　P：西村慶明

用として使用されていた。後にエンジンを下ろして客車、ハ31になった。

キハ30（30）

　キハ10形と同時期に生まれた日本車輌製ガソリンカー。この車は自社発注車輌ではなく、常総鉄道のキハ13を1938年譲り受けたもので、正面3枚窓だがキハ10を一回リ大柄にしたよく似たスタイルであった。客車化は一番早く、エンジンを下ろしてハ30になり、鉄道廃止まで使用された。

キハ500（501・502・503）

　キハ42000の前頭部とキハ41000の車体をつなぎ合わせたようなキハ501は、五日市鉄道が1936年に新潟鉄工所で新造した同社のキハ501である。兄弟のキハ502の方は茨城交通に転じてケハ502になっている。五日市鉄道の国有化は1944年4月と遅かったが、その年の9月には早くも廃車になリ東野鉄道入りしている。代燃装置（木炭ガス発生装置）の装備は五日市鉄道時代で、1942年9月に代燃ガス発生装置取り付けの認可を得ている。1950年、現在の富士重工業宇都宮製作所で日野のDA54B、ディーゼルエンジンに交換した。車内は同時期のガソリンカーに見られる背ずりの低いクロスシ

キハ10と連結したキハ20。この車のことを評して「模型のような」とよく言われる。この車に良く似たものに西武鉄道のキハ21.22があるが、正面窓2枚の東野鉄道キハ20のほうがよりガソリンカーらしい。
1958.2　P：園田正雄

キハ501。1950年8月、国鉄から旧五日市鉄道のキハ501の払下げを受け、キハ501とした。最初のボギー車であった。当時は木炭ガス発生装置を取り付けた代燃車であったが、富士重工で日野DA54改（90PS）に載せ換えている。
1960.7.9　P：小林正義

ートである。

　1968年12月の鉄道廃止まで、主力として働いたが、その後の動向はわからない

　キハ502のほうは事故廃車になった国鉄キハ41008を1949年に譲り受け、しばらく客車として使用した後、1950年に富士重工業宇都宮製作所でDA54Bディーゼルエンジンをつけて再び気動車として復活を遂げた。この車は廃車の時期が早かったので、国鉄の新形式を持たず、扉も木製であった。キハ502も廃線のときまで活躍し、鉄道廃止後、茨城交通湊線に転じてハフ46となった。鉄道廃止後第二の職場を見つけた数少ない車輌になった。

　キハ503は1958年の増備車でもと国鉄のキハ043である。ちょうど新しい液圧式気動車が国鉄全線に行き渡るようになって、機械式気動車が淘汰され、各地の私鉄に散っていった時代で、キハ503も桐生で両毛線や足尾線に使用されていたものである。旧形式はキハ41020だから、キハ502と同時代でキハ04としては古いグループに属するが、客用扉はプレス製に変えられており、少し近代的であった。また、エンジンも国鉄時代からのDMF13をそのまま使用したので、キハ501・2と比べるとかなり強力であったが、晩年はエンジンが故障を起こし、トレーラー代用で廃線を迎えた。

キハ501の車内である。戦前製造された気動車の車内は写真のように木製の低い背ずりがずらりと並んでいた。
P：宮田道一

キハ503。キハ500、の末弟503は国鉄時代にプレスドアに交換されており、少し近代的になっていた。
1960.11.3　P：高井薫平

4．客車

東野鉄道の客車は開業時の1918年、梅鉢鉄工所に作らせた5輌の木造2軸車と、那須小川延長のとき増備した日本車輌製の3輌、そして2軸のガソリンカーを客車化した4輌に大別される。

梅鉢鉄工所製のグループ

1918年に、2・3等合造車ロハ1が1輌、3等車であるハ1が3輌、3等手荷物合造車ハニブ1が1輌作られた。その後3等車を2・3等車に改造したりして変遷は激しいが、室内は3等側が木製の小さなクロスシート、2等側はロングシートだった。出入り台に設けた妻窓やモニター式ダブルルーフなど、独特なスタイルは健在であった。

日本車輌製のグループ

1924年に増備された車輌で、やや深めのダブルルーフが特徴である。同系車が各地に見られるいわば日本車輌の標準的車輌である。2・3等合造車ロハが1輌、3等車が2輌、手荷物合造車が1輌製作された。

ガソリンカー改造のグループ

すでに気動車の項で述べたハ30・31・32・33の4輌であり、木造客車群廃車後は混合列車に使用されていたが、キハ20を前身とするハ31は廃線前に除籍された。

▲ハ1。1918年梅鉢鉄工所で生まれた。モニタールーフや窓のある電車のような妻板など独特の雰囲気を持つ客車であった。1954.3.9　P：高井薫平
▲（上）朝混合列車で西那須野に到着した古典客車は、しばし構内で休息を取っていた。
　　　　　　　　　　　　　　　　　　　　　　　　　　　　　　　1958.7.27　P：上野　巌

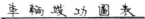

車輌竣功圖表 　　　　　　　　　　　　　　　　東野鉄道株式會社

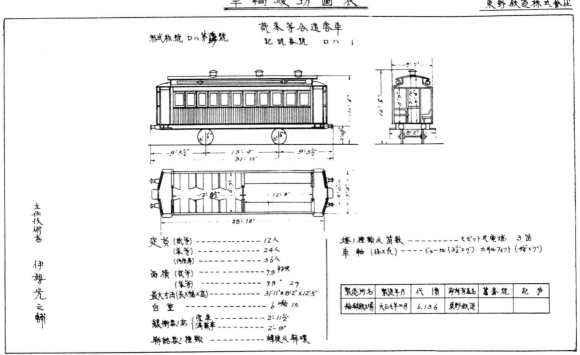

三等荷物合造客車
記號番號　ロハ 一

形式稱號 ロハ第壹號

主任技術者
伊勢光之輔

定員（特等）------------12人
　　（並等）------------24人
　　（内荷扱）----------36人
面積（特等）------------79平方尺
　　（並等）------------79 〃 27
最大寸法（長×幅×高）---31'11"×8'2"×12'5"
自重 --------------------b噸15
聯結器ノ高 {空車} ------2'11½
　　　　　 {滿載車}----2'9"
聯結器ノ種類 ------------螺旋及鄰環

燈ノ種類及箇数 ----------ミゼット式庵燈　3箇
車軸（徑×長）-----------ジョール（3½"×7"）ホサルフィト（徑×7"）

製造所名	製造年月	代價	荷扱所名	舊番號	記事
梅鉢鐵工場	大正七年二月	6.136	東野鐵道		

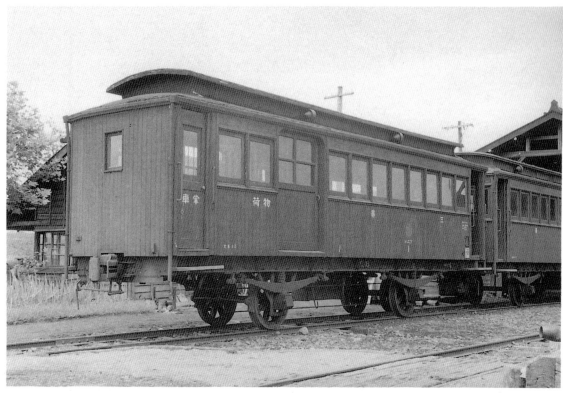

ハニブ1。手ブレーキを持つハニブの車掌室側は窓が1つ、縦張りの妻板に付いている。大きな荷物用の引き戸は窓2つ分あって車端側に引かれる構造
である。
1960.7.9　P：小林正義

ハニブ1の単台車。長い板バネにコイルバネを併用し乗り心地は良さそうだ。車輪も古典的なリベット止めのいわゆる松葉スポークである。
1960.7.9　P：小林正義

ハ1の車内。小さな客車の車内にはこれまた小さなクロスシートが並んでいた。車齢を重ねているとはいえ、手入れが行き届いており清清しい。

1954.3.9　P：高井薫平

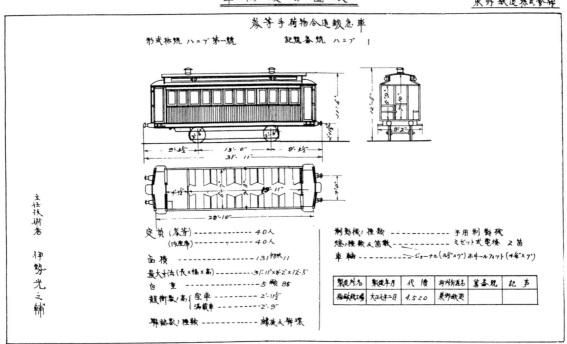

ハ10。常陸小川延長に合わせて増備されたグループは日本車輌で製造された。新造時は梅鉢グループの連番だったが、1927年に改番された。新製当時ハ2.3の2輌があった。

1960.7.9　P：小林正義

ハニブ10。日本車輌製のグループは梅鉢製と較べると多くの地方鉄道に供給された標準型というべきものであった。荷物用扉は大型車なみに両開き扉に変わった。新製当時はハニブ2だった。

1960.7.9　P：小林正義

ハ30。1938年、常総鉄道キハ13を譲り受けてキハ30とした。その後木炭ガス式の代燃装置を取付けて使用されたが、1948年にエンジンをおろして客車になった。

1966.12.18　黒羽　P：高井薫平

ハ31。キハ20はキハ10.11とともに1964年エンジンを下ろして客車化された。これによって開業以来使用されてきた木造客車たちは姿を消した。連結器はこのハ31だけがガソリンカー時代の簡易式をそのまま残していた。

1966.12.18　黒羽　P：高井薫平

ハ32。キハ10の車種変更車。手ブレーキ装置を持たずもっぱら前後にカブを連結して使用されていた。運転台は完全に撤去され、客室になっている。

1966.12.18　黒羽　P：高井薫平

ハ33。キハ11を1964年客車化した。直通ブレーキを持たなかったのでブレーキシューはない。連結器は当然のことながらしっかりした柴田式自動連結器に交換されている。

1966.12.18　黒羽　P：高井薫平

5. 貨車

　路線が那須野ヶ原の穀倉地帯を通っていて、沿線の八溝山系の林産物搬出とともに、農産物、肥料などの輸送が盛んで、最初から貨物輸送は活発だったようだ。開業に際して用意したのは川越鉄道から無蓋貨車5輌を譲り受けたト1～5と、越後鉄道から有蓋貨車を譲り受けたワ1～5であった。また、鉄道省などからのものもあった。その他新造車としては客車とともに梅鉢鉄工所から購入したカブ1・2という緩急車があった。カブとはアメリカのカブースを思わせる形式であったが、その後形式変更して1928年11月、ワブ1・2と改称された。しかし、客車とともにブレーキを表す「ブ」は最後まで用いられた。

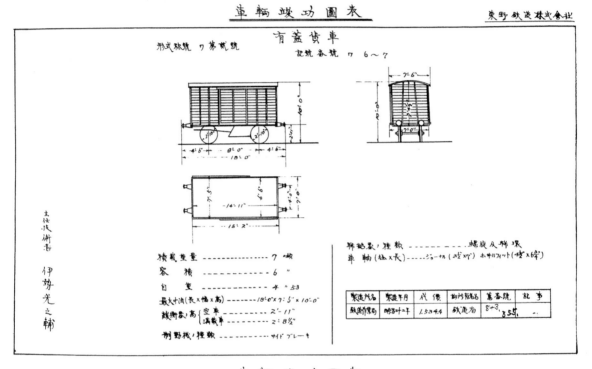

ワ30。客車列車に連結する緩急車が不足したので、急遽有蓋貨車に車掌台を設けた簡易緩急車、白い木札に「緩急車代用」と書いて貼り付けてあるが、恐ろしいことにこの車には手ブレーキ装置が始めからついていなかったようだ。

1966.12.18　黒羽　P：高井薫平

ワブ30。貨物ドアに「社線内使用」の文字が見える緩急車。貨物輸送が衰退したあとはガソリンカー改造の二軸客車と組んで使用された。

1968.7.7　黒羽　P：西村慶明

東野鉄道最終列車の出発式。華やかなブラスバンドと裏腹に駅の建物も車輌もずいぶん古くなっていた。　　　　1968.12.15　黒羽　P：園田正雄

東野鉄道再訪

　1999年12月30日、僕は何年かぶりに東北本線（今は宇都宮線というらしい）を走る115系電車の車内にいた。いつもなら新幹線を使う距離だが、せっかく東野鉄道に会いにいくのだからやはり在来線を選んだ。もちろん東北本線の急行列車が走らなくなってから久しい。1954年当時、東北本線の花形急行〈青葉〉は上野－西那須野間を2時間35分で結んでいたが、今は各駅停車でしかも宇都宮乗換えでも2時間半足らずで西那須野に到着した。西那須野の駅は大幅に変わっていて、大田原方面行きのバス乗り場は駅の東側にあった。かつてボールドウィンが入れ換えをやっていた西那須野のヤードは駅前広場に変身していた。

　やっとやって来た黒羽行きの東野交通のバスには、休日のせいか乗客は少なかった。停留所の時刻表を見ると黒羽行きは朝7時45分が始発で、19時10分の終バスまで、片道9本のダイヤになっている。確か、鉄道廃止後の代替輸送としてのバス路線では黒羽－西那須野間に80人乗りの大型バスを36往復、ほかに大田原折り返しや黒羽－宇都宮直通の急行バスの運転計画が盛り込まれていたはずだが、9往復というのは鉄道廃止の1968年、列車14往復を大幅に下回るものであった。

時代は変わったのである。確かに鉄道廃止後の1969年8月の時刻表によれば西那須野－黒羽間に24往復であった。始発はもっと早く、終バスもかなり遅くまで設定されていた。それが、半減されたバスにも乗客は少ない。少ないから便数を減らせばますます不便になるからますます乗らなくなる。

　僕を含めて3人のお客を乗せて走り出したバスは大田原街道を走る。乃木神社前を過ぎたあたりから車窓の左手に鉄道線路敷きの跡らしい土盛りが続く。バスや車で線路に併走して撮影ポイントを探す、あの感覚である。大田原の町は昔より大きく、都会の風情があった。街には自家用車の大群があった。いつだったか、高齢化時代になると人は出歩かなくなると思っていたが、最近のお年寄りは若いときに取った免許証でどんどん軽自動車を運転するから、鉄道のローカル線に乗るのは高校生だけになってしまったとある鉄道関係の方から伺ったことがある。かつてローカル線の存続を脅かした乗合バスは今や自らの存続に知恵を絞る時代になっているのを実感した。

　大田原の雑踏を抜けるとしばらくして蛇尾川を渡る。左手には東野鉄道の橋脚や龍城公園の下をくぐっていたトンネルのポータルらしきものが見える。このあとはのどかな田園が続く。左手に続く線路道もバスから

49

見るとまだレールが残っていそうな風情である。

黒羽の町へとバスは大きく回りこみ、一旦那珂川に併走して、鉄道とは反対方向からかつての黒羽駅跡に到着した。しかし、バスの運転手さんに教えてもらった駅跡にたってもしばらく方向感覚がつかめなかった。かなり大きめのスーパーと専門店らしき建物、飲食店などがまとまっていて、最近の地方に見られるショッピングセンターの様相を呈していた。かつて、駅前にあったポプラの木は冬木立で思ったほど大きくは見えなかったが、あの線路に沿って並んでいた大谷石の農協倉庫を見つけ、やっと位置感覚をつかむことができた。そうするとかつての機関区はバスの車庫とスーパーの一部になっていることもわかってきた。そして45年前に出発を撮ろうと駆け上がった構内のはずれの小さな丘は住宅地になっており、そこに登って周りを気にしながらしばし感傷にふけった。

黒羽から先、那須小川までの廃止は前述のとおり、1939年、60年前である。行ったこともない時代の廃線跡を探る趣味はないので、この先足を伸ばす気にはならなかったが、最近多く発行されている廃線跡探訪シリーズの書籍によれば、国道294号沿いに走っていた沿線風景はまだいくらか残っているそうだ。

バスで西那須野に戻る。モノの本を見ると西那須野から乃木大将をお祀りした乃木神社前を抜けて大田原まで、旧線路敷きが自転車・歩道として整備され「ぽっぽ通り」として沿線住民に親しまれているとのことであった。そこで「ぽっぽ通り」をしばらく歩く。レ

だだっ広い黒羽駅構内から大田原方面を望む。右側に農業倉庫が並んでいるのが見える。　　　　　　　　　1968.12.1　P：花上嘉成

上の写真とほぼ同地点。黒羽駅の本屋のあったあたりは黒羽の町のパワーセンターになっている。　　　　　　　1999.12.30　P：高井薫平

かつて貨物ホームに沿って建てられていた農協の穀物倉庫は30余年の歳月にも負けず美しく整備されていた。　　1999.12.30　P　高井薫平

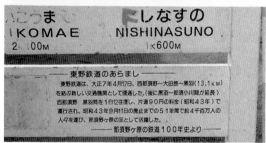

「ポッポ通り」の最大のモニュメントは乃木神社前に作られた短いプラットホームとレールである。　　　　　　　1999.12.30　P：高井薫平

ンガ敷きの小道は自転車と歩道に区分けされ、ユリノキ、モッコク、ドウダン、ツバキ、ケヤキなどが道の両側に植え込まれた気持ちのよい散歩道で、所々にこの道がかつての鉄道線路跡であったことを示すオブジェが置かれていた。その最大のオブジェは旧乃木神社前に残されたホーム、駅名板そして立派なレールの一部である。

東野鉄道が姿を消してはや30年余のときが過ぎ去った。そんなときにこういう史跡を残された東野鉄道は幸せだったのか、ここに鉄道ありきという事実が、いつまで語り継がれるだろうかと、少し懐疑的になりながら、やって来た115系電車に乗り込んだのだった。

おわりに

　東野鉄道へは1954年3月、1960年11月、1966年12月、1968年12月と4回行っている。地方私鉄めぐりにのめりこんでいたぼくとして回数はそこそこだが、いかんせん1、2、3回目の間隔が開きすぎていた。とくに最後の2回は廃止のうわさがたち、あるいはやめる事が決定してからの行動であり、俗にお通夜坊主と軽蔑され、とても誉められたことではなかった。また、2回目の訪問の際は時間の関係で終点の黒羽まで入っていない。

　そんなわけで今回は資料集めからスタートした。このために本当に多くの皆さんのお世話になった。写真については主に鉄研三田会の先輩や仲間のものを借用した。井口悦男さん、竹中泰彦さんは僕を最初に東野鉄道に連れて行ってくれた先輩である。ブローニー2本しか持っていかなかった僕に比べてたくさん素適なアングルがある。上野巌さんは同期の仲間で当時高等学校の「日吉祭」に使用するため、東北の私鉄を回ったときの写真。行きには大雨になってしまい、花巻や仙台鉄道の帰り道、再度立ち寄っている。小林正義さんは会社の同僚であるが、写真は国鉄在職時代のものである。1965年9月発行の『鉄道ピクトリアル私鉄車両めぐり第一分冊』で益井茂夫さんが書かれた「東野鉄道」のグラビアに登場している。これでも写真は不足しており、どうして撮らなかったか分からない日本車輌製の木造客車や那須小川延長時代の写真、あるいは3号機の写真、さらに表紙にどうしても入れたいボールドウィンのカラー写真の手配などは編集部にお任せすることになった。

　参考文献はいつも基本に置いている和久田康雄さんの『私鉄史ハンドブック』のほか、上記ピクトリアルの益井さんのものがまとまっている。また、湯口徹さんの名著、私鉄紀行の中から『からっ風にタイホーンが聴こえる（下）』に車輌を含めた詳細な記述がある。さらに、ロマンスカーの瀬古龍雄さんの訪問記事、急電に載った久保敏さんの報告など参考にさせていただいた。加えて1986年12月、地元の「那須野ヶ原開拓史研究会」が発行した『那須野ヶ原鉄道100年史』は180ページに及ぶ力作で、うち20ページを東野鉄道に割いており、非常に参考になった。また、許認可関係の検証は三田会の亀井秀夫さんのお世話になった。

　さらに、かつての鉄道趣味の主流が車輌中心であったように、いつも車輌の写真を撮るだけに終始してしまっていた僕のこと、運用、運転に関する事柄、特に列車本数などの変遷は皆目わからず、この道の大家である三宅俊彦さんに絶大な資料のご提供をいただいた。

　以上のようなわけで、本書は多くの趣味の先輩諸兄に直接、あるいは著作を通して間接的に大変お世話になった。書面を借りて感謝申し上げる次第である。

ボールドウィンの牽く長いミキストの列の後ろに今日はキハ501がぶら下がっていた。まだまだ賑わいを見せていた頃のひとこま。

1958.7.17　P：上野　巌

エピローグ

　むかし、ゼミの合宿を那須の大丸温泉に計画した。
その日１列車早く上野を発った。そしておよそ当たり
前のように、西那須野で下車した。

　狭い袴線橋をわたって東野鉄道のホームに行った。
しばらくホームのベンチに腰を下ろしていたら、ビィ
ーと単音の汽笛が聞こえて、およそ当たり前のように、
ボールドウィンの牽くミキストが姿をあらわした。

　ミキストの後ろのほうに木造の２軸客車が２輌連結
されており、およそ当たり前のようにたくさんの乗客
でにぎわっていた。

　もう40年以上前の話である。その頃どこを歩いてみ
ても簡単に目にすることのできた、およそ当たり前の
風景であった。

　　　　　　　　　　　高井薫平（鉄研三田会）

1958.2　黒羽－白旗城址前　P：園田正雄

営業運転のくせに本線上に「門」があるのがこの鉄
道の性格を物語っている。5号機が煙を上げる若
泉駅のホームへは守衛に断って入ることになる。
1961.11　P：園田正雄

はじめに

　当時の時刻表で見かけたカタカナをまじえた鉄道の名称には、新鮮さというより、どこかノスタルジックな感慨を覚えた。専用鉄道時代から経営に当たっていた精錬会社の社名の下に「鉄道」をつけたのだから当然のことであるが、正式にはあくまでも「日本ニッケル株式会社」であった。"通称"日本ニッケル鉄道は、その母体である日本ニッケル株式会社の業務内容の変化とともに変身して行く。

　はじめてこの鉄道を訪問したのは1959（昭和34）年4月、北陸からの旅の帰りで、早朝高崎に着き、上信電鉄の烏川鉄橋で朝の3連を撮り、上毛電鉄の大胡車庫を訪問したのち、八高線の丹荘駅に14時20分に着いた。ニッケル鉄道の列車まで1時間近くあるので、当時はけっこう頻繁に走っていた本庄から鬼石までの東武バスを利用したらしい。とても風が強かったことは覚えているものの、3連続夜行の影響か、沿線を歩き通したわけでもなく、終点の若泉の機関庫にどうやってたどり着いたのか、同行者に確認しても、ともにあいまいで

ある。

　すでに若泉の機関庫は春の日が傾きかけていた。クラから出ていたのは西武鉄道からやってきた8号で、西武時代は3号であった。生きているのはこの機関車だけで、クラの奥にこの鉄道生え抜きである飯山鉄道から来た日車の3号が押し込められていた。

　この日カメラは8号機に集中し、ダブスの銘板を含めてかなりのカットを撮っている。しかし、それ以外の車輌はたった3枚、機関庫内の3号機

関車と構内のはずれに放置されていた木造客車の遠景、さらに機関庫の外に置かれた、はじめてみる奇妙な機関車の3カットであった。それは当時、流行し始めていたゼブラ塗装されたロッド式のB型ディーゼル機関車で、構内入換機関車に毛の生えたようなものだったが、運転室は背が高くてずっと貫禄があり、「昭和12年　日本車輌」という銘板を見つけた。

　そしてこれが、この鉄道との長い付き合いの始まりとなった。

ハフ3を従えて丹荘駅構内で入れ換えに励む7号機。名門ピッツバーグの生まれながらすでに満身創痍、自慢の52インチ動輪にはクラックさえ入ってしまっていたという。ちなみに、右のワム3500は脱線してしまっている。
　　　　　　　　　　　　　　　1963.8.10　丹荘　P：田尻弘行

沿革

　上武鉄道は戦時中の国策に基づいて作られた専用鉄道を、地方鉄道に戦後変更した特殊な鉄道である。さらに、戦後の交通事情の立ち遅れから、路線の延伸計画も考えられたが、元々鉄道計画などなかった地域であり、実現に至らなかった。そもそも、終点の若泉駅は工場の構内にあり、こんな状態では旅客の伸びは望むべくもなく、その後貨物専用鉄道に戻ってしまった。以下、この鉄道の半世紀あまりにわたる歴史を追ってみることにしよう。

1．専用鉄道の建設

　東京市日本橋区に本社を置く日本ニッケル株式会社は、1938（昭和13）年ごろから同社の群馬県多野郡の鬼石町多野鉱山で産出される蛇紋石を原料とするニッケル精錬を目的に建設された鬼石精錬所と、神流川を隔てた埼玉県側の若泉製鋼所にいたる専用鉄道の建設を申請していた。しかしなかなか認可されず、再度の申請をしたものの、1941（昭和16）年2月に施行された臨時農地等管理令で該当する農地が5,000坪余にのぼり、これも大きな障害となっていた。ようやく沿線の丹荘村、青柳村、若泉村の鉄道工事承諾書を取リ付け、戦況も深まりつつあった1941（昭和16）年7月、不足したニッケル鋼増産のために同社の多野鉱山の専用鉄道として認可がおりた。国鉄八高線の丹荘から南方

鉱石のストックヤードを横目に若泉構内を発車する6号機の牽く上り列車。左手奥には7号機の姿も見える。　　　1963.7　P：園田正雄

に6.1km、ゆるい片勾配で多野鉱山若泉製鋼所に至る専用鉄道は1941（昭和16）年10月15日に着工し、翌年7月15日までに竣工するという計画であったが、実際にはそれより半月はやい6月30日開通というスピード建設であった。建設予算625,000円であり、戦時中のため、統制資材はすべて手持ち品でまかなわれた。資材輸送用に必要な機関車も飯山鉄道3号を1941（昭和16）年8月に譲り受け、1941（昭和16）年8月30日運行開始許可が下りて使用を開始した。この機関車は、専用鉄道開業後も主力として使用されている。

若泉駅構内で入れ換え中のハフ2。もともと工場の敷地内にあったこの駅は、鉄道が日本ニッケルから独立して上武鉄道となったのち、名称も「西武化学前」と改められた。
　　　　　　　　　　　　　　　　　　　　　1954.10.24　P：竹中泰彦

上武鉄道線路一覧略図

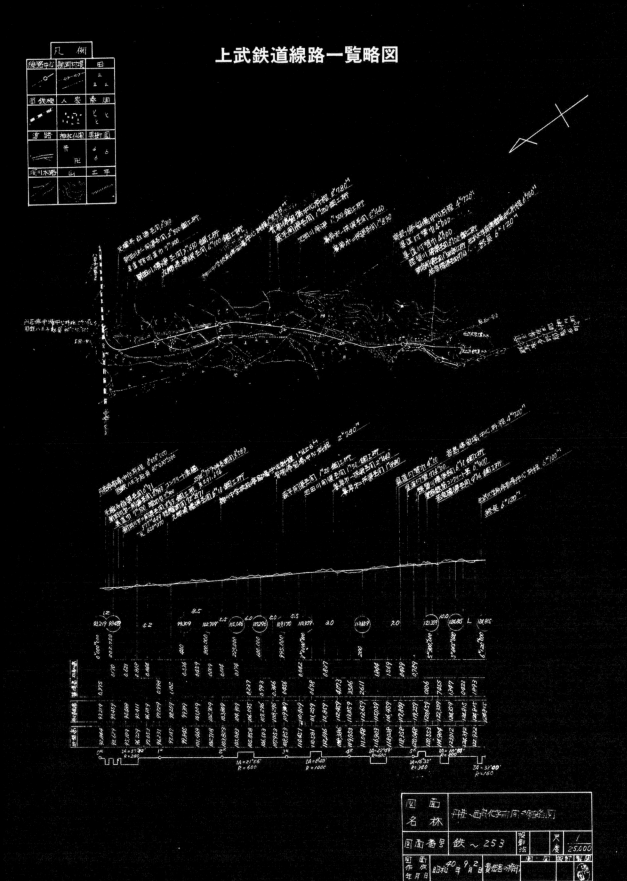

上武鉄道株式会社 埼玉支社

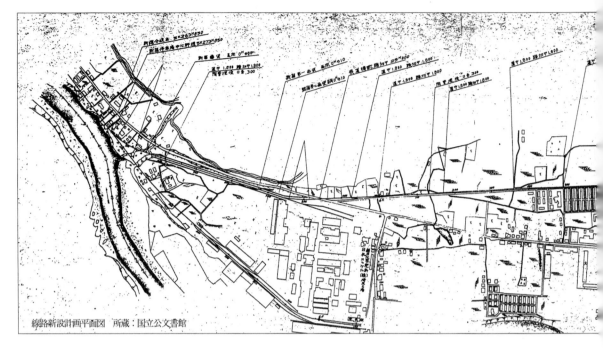

線路新設計画平面図　所蔵：国立公文書館

神流川を隔てたもとの鬼石精錬所、蛇紋石鉱山とは架空索道で結ばれていたが、肝心の採掘量は少なく、地元採掘分だけでは採算が採れず、日本冶金大江山鉱山から半製品のルッペを運び込んで精錬を行なった。

スクラップの再生も当時から行なっていたようで、日本スチール株式会社といわれた時期もあって、関東平野の隅っこの小さな製鉄所といった趣があった。

機関庫は最初丹荘駅構内に設けられたが、1941（昭和16）年9月17日に廃止され、若泉に移った。また、1942（昭和17）年1月9日には虎の子の3号機の修繕のため、鉄道省から機関車を借用している。

2．延長計画

終点の若泉の駅は日本ニッケル若泉工場の構内であり、また、町からも離れていたので、構内に入る手前の青柳村新宿から左に折れ、県道沿いに一部廃道を利用して若泉村渡瀬にいたる2.3kmの路線延長が計画された。まだ地方鉄道になる前の1943（昭和18）年11月のことであり、延長の理由にクロム鉱石など軍需物品の輸送のほか、地方開発による木材、薪炭、その他の軍需物資輸送のためとある。しかし、1944（昭和19）年8月、「本件に関しては軍需省に於いて資材の見込みなきこと云々」として申請の却下を求められ、一度取り下げている。

延長計画と同時に旅客輸送も考えたらしく、また、最も人口が集まっている渡瀬地区、対岸の鬼石町などの要望も強かったようである。このような流れを受けて、1943（昭和18）年2月、飯山鉄道のキハ51の譲受

入れ換えのため構内奥に引上げる2号機関車。画面左手奥に初代の木造機関庫が見える。　　　　1954.10.24　若泉　P：竹中泰彦

を計画し、話し合いが進んだが、延長計画の見通しが不安になったのか、話は打ち切られている。

終戦を迎えると、次に述べるように軍需工場の専用線としての存続が危うくなり、地方鉄道への転換と共に、再び渡瀬延長を申請した。そして1946（昭和21）年9月、念願だった渡瀬延長の免許は下りたものの、資金難などの理由からいっこうに着工に至らず、再度の延期申請を出したものの、1966（昭和41）年9月に失効してしまっている。

3．地方鉄道への変換

終戦を迎えると、軍需産業に社業を依存していた日本ニッケル株式会社としては、専用鉄道の維持が困難であるとの見地から、1946（昭和21）年3月15日、運輸大臣に宛て地方鉄道への転換を申請した。その概要では次のように述べている。

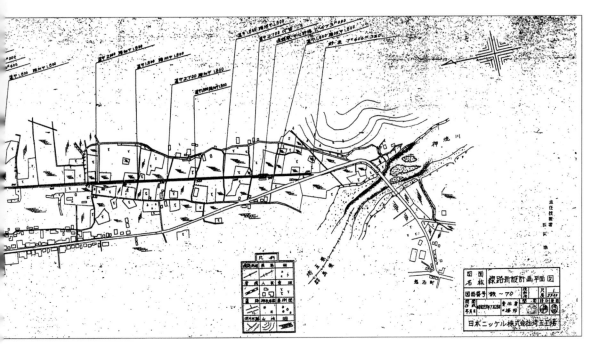

また、この転換申請書には終戦の年の12月に集められた神流川の両岸に沿った鬼石町、若泉村、上野村、中里村、矢野村、青柳村などの9町村長名の陳情書が添付されていた。

「日本ニッケル株式会社ハ群馬県多野郡鬼石町付近産出ノ蛇紋石二依ルニッケル鋼精錬ノ目的ヲモッテ鬼石町付近二工場ヲ建設スルトトモニ、同工場ト八高線丹荘駅相互間二オケル原材料、製品輸送ノ為、同区間二専用鉄道ヲ敷設セリ。

戦時中本鉄道ノ利用ニヨリ、右ノ原材料製品ノ輸送ハ極メテ円滑二実施セラレ、ソノ使命ハ十分二達成セラレタリ。然ルニ今回ノ終戦ニヨリ当工場製品ノ軍需

1960（昭和35）年、上武鉄道として再出発してからも専用鉄道然とした佇まいは変わりようもなかった。若泉改め西武化学前の構内で入れ換え中の7号機。右はハフ3。
1963.8.10　西武化学前　P：髙井薫平

ハ皆無トナリシヲモッテ、今後ハ鋭意之ガ民需転換二傾注スルベキト所ナルモ、本製品ハ性質上目下ハ相当量ノ需要減ヲ免レザルベク、従ッテ本鉄道ノ輸送量モ亦、相当量ノ減退ヲ蒙ムルベキ情勢二アリ、依テ此ノ際之ヲ地方鉄道二変更シ、モッテ該地方開発二期スルト共二、同社専用二基ク之ガ遊休化ヲ防止セルトスルモノナリ。」（以下略）

　この申請によると、まだバスの整備が行き届かなかったこの地域の交通手段として、地元の強い要請もあリ、予想輸送量人員439,892人、総貨物量127,047トンが見込まれると記載されている。当初は地元の旅客営業の要望は強かったというより、大いに会社事情があったと考えられるが、ともかく、地方鉄道への変更を申請した翌年9月25日に許可が下りた。社名は日本ニッケル株式会社・鉄道部として1947（昭和22）年5月1日、一般営業を開始した。通称「日本ニッケル鉄道」の誕生である。

4．業績と終焉

　地方鉄道になったものの日本ニッケル鉄道の実態は相変わらず専用鉄道そのものであった。途中に寄島、青柳駅が設けられ、1966（昭和41）年には神川中学校前が新設されたが、すべて無人の停留所であった。乗客数は旅客営業を開始した2～3年は100人／日を越

地方鉄道ゆえ、当然のことながら車内補充券も常備されていた。「西武化学前車掌区」と記載されているが、一日4往復ハフ3が往来するだけのこの鉄道に「車掌区」という部署が存在したのかどうかは疑わしい。
　　　　　　所蔵：堀川正弘

したしたものの、接続するのが八高線という連絡の悪さと、高崎や本庄に直行するバス路線の発達の前にひとたまりもなく、1日の乗客10人以下という惨状となった。渡瀬から先、下久保ダム付近までの延長計画もまったく手付かずのまま終わった。
　一方、若泉の精錬所はその広大な施設を活用した多角経営が進んでいた。1954（昭和29）年には西武系の

無煙化後の西武化学前構内。蒸機時代からの木造庫前に佇むのは建設省から流れ着いたDC101、左は元中部電力のDD104。DLといえども曰く付きの面々であった。
　　　　　　　　　　　　　　1968.5.5　西武化学前　P：髙井薫平

60

DD104に牽かれて寄島付近を行く混合列車。車輌限界の小さいDD104と最後尾にくっつくハフ3という珍妙なミキストは、無煙化後の上武鉄道を象徴する編成であった。
1968.3.17　P：田尻弘行

尼崎肥料がその埼玉工場として操業を開始し、後の西武化学の母体となった。尼崎化学は1960（昭和35）年3月に朝日化学肥料と名が変わり、本来の化学肥料のほか飼料、コンクリートパイルなども生産するようになった。さらに1960（昭和35）年9月、朝日化学は日本ニッケルの鉄鋼事業を買収して西武化学工業となった。このとき、日本ニッケル株式会社の一組織だった鉄道部は切り離されて独立することとなり、西武化学の物流を担う上武鉄道が誕生することになった。

途中に停留所が3つも出来、丹荘の国鉄駅に並んだホームには上武鉄道の大きな看板が出来ても、終点の若泉、後の西武化学前の駅は奇妙な存在だった。まず、若泉で列車に乗ろうと思うと、西武化学埼玉工場の受付にその旨を告げ、工場内に入れてもらう。そして、立ち並ぶ様々な工場建物の間を縫って乗り場にたどり着く。乗り場といっても貨物の積み込みホームの一部であり、とくに乗降ホームらしき目印はなかった。それから鉄道の事務所に行って切符を買う。切符は硬券

構内に留置されたキハ2400。1969.10.18　西武化学前　P：阿部一紀

だった。また、丹荘から混合列車の後ろについて乗ってくると、だいたいこのあたりで降ろされる。車掌から外に出る道筋を教えてもらって、門に向かい、守衛さんにお辞儀をして外に出るといった按配であった。だから、若泉村の人たちにとってはほとんど関心のなかった鉄道だったといえる。そして、大きな反対運動もなく、1972（昭和47）年12月31日をもって旅客営業を廃止した。

旅客に較べ貨物輸送は西武化学埼玉工場の製品輸送で1954（昭和29）年ごろから上昇に転じ、1960（昭和35）年には20万トンを超えた。しかし、貨物の大部分が積み替えの必要がないトラック輸送にシフトし、さらに1986（昭和61）年11月1日、国鉄合理化により八高線丹荘駅での貨物取扱が廃止されて、同年12月31日、ついに鉄道業を廃止した。

鉄道廃止後の上武鉄道は、高崎線倉賀野に拠点を置く通運業者として現在も残っている。また、西武化学埼玉工場は朝日工業と社名を変え、従来の場所で盛業中であり、守衛所も立派なものに建て替えられている。

DC101に牽かれて発車を待つ上り列車。　1968.3.17　P：田尻弘行

本社の堤会長視察の日、工場内で煤煙を出してはならじとＤ1001が先頭
についた下り列車。この後、5号機は工場手前でスロットルオフ、ブロ
ワーも閉めて、非力なＤ1001が惰行運転で構内へと消えていった。
　　　　　　　　　1961.11　寄島　Ｐ：園田正雄

丹荘の場内信号を越える4号の牽く上り列車。
　　　　1962.5.13　丹荘付近　P：阿部一紀

沿線

　国鉄八高線の丹荘で降りると真っ先に目に飛び込んでくるのは大きな「上武鉄道」の文字であった。4枚の大看板に分かれて書かれたこのあたりには、今は「管理地・朝日食品工業」の立て看板があって、かつて広々としていた上武鉄道の構内を示している。上武鉄道の列車に乗るにはホームの端の小さな踏切を渡った。やってくる車輛はわかっているが、小さなハフ3には似つかわしくない立派で長いホームである。

　構内は4線に分かれて広々としており、高崎方、八王子方両方に伸びた線路は国鉄線につながっていた。八王子方の機回り線のかなたに1線だけの機関庫がかつて存在したが、訪問した当時はすでになかった。また、初代ハフ3の廃車体が保線小屋として駅のはずれに鎮座していた。

　列車は1963（昭和38）年当時のダイヤ上では1日定

丹荘駅構内（画面前方）から分岐して大きくカーブする上武鉄道本線。右はハフ3の廃車体利用の保線小屋。　1968.3.17　丹荘　P：髙井薫平

期4往復、不定期5往復の設定であったが、実際には定期列車4往復の運行で、主に混合列車だ。貨物がないときには機関車にハフ3が1輛ということも多く、しかもハフ3にはお客の姿はなく車掌さんが一人乗っている事が多かった。

　駅を出ると若泉、鬼石方面に向かう県道22号線の踏切を越え、いきなりR280のカーブで左に折れ県道と並行になる。ここからはほぼ直線で、ゆるい勾配で西南に向かう。およそ7分走ると、この鉄道でもっとも近代的な新駅、神川中学校前。丹荘から1.8kmの地点である。列車は少し速度を落とすが、乗降客がいなければ通過してしまう。このときも通過だった。ゆるく右手にカーブし県道から少し離れると青柳の停留場。丹荘から2.8km、11分の旅である。周りは桑畑と畑ばかりで線路より高くなっており、低い掘割のようなところである。さらに7〜8分走ると県道が近寄ってきて、寄島停留場に到着する。この先は神流川が右手に近づき、

丹荘駅構内に掲げられた上武鉄道の大看板。　1968.5.5　P：髙井薫平

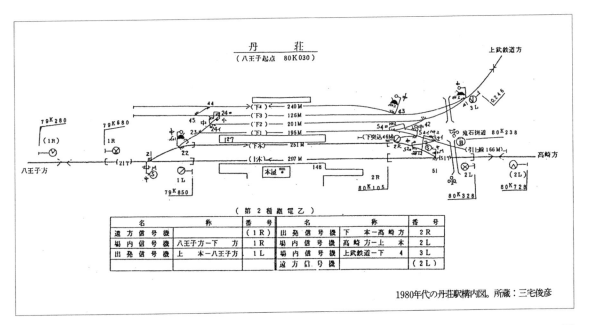

丹荘
（八王子起点　80K030）

	名　称	番　号		名　称	番　号
遠方信号機		（1R）	出発信号機	下　本－高崎方	2R
場内信号機	八王子方－下　方	1R	場内信号機	高崎方－上　本	2L
出発信号機	上　本－八王子方	1L	場内信号機	上武鉄道－下　4	3L
			遠方信号機		（2L）

（第2種継電乙）

1980年代の丹荘駅構内図。所蔵：三宅俊彦

「きしやにちうい」の立札がいかにもこのささやかな鉄道に相応しい。彼方には上州の山々が聳えている。　1962.2.18　寄島　P：吉川文夫

▶からっ風が吹き抜ける冬の武州。D1001が2代目ハフ3を牽いて築堤を走り抜ける。　1962.2.18　青柳付近　P：吉川文夫

待合室があった神川中学校前停留場。どれだけの中学生が利用しただろうか。　1968.5.5　P：高井薫平

ホーム上の駅名板のみがその存在を主張する青柳停留場。ホームは中央部のみが石垣構造である。　1962.2.18　P：吉川文夫

寄島停留場。民家は点在するが、列車からホームに人影をみとめること
は少なかった。　　　　　　　　　　　1962.2.18　P：吉川文夫

名所案内が併記された寄島停留場の駅名板。周辺には金鑚神社をはじめ
文化財や記念物が点在する。　　　　　　1962.2.18　P：吉川文夫

10‰の勾配を上り切り、ハフ3をしんがりに西武化学の構内に吸い込まれていく下り列車。停車場の境界標がなければ、工場の専用線そのものの光景。
線路を遮る大きな門は、開け放たれたままであった。　　　　　　　　　　　　　　　　　　　　　　　　　　　　1968.5.5　西武化学前　P：高井薫平

さらに走ると長い築堤の上を走る撮影ポイントに出る。このあたりからこの鉄道最急勾配である10‰が続き、勾配が切れる頃、西武化学の鉄の門が待っている。門はいつも開いているから列車はそのまま工場内に入っていく。入ると左手に木造の小さな機関庫がある。線路は一本で予備機が押し込まれていたり、修繕など庫の中でやることもある。左手にはその頃主力製品になっていたコンクリートパイルが山積みになっていたが、当時この輸送はすでにトラックに変わっていた。線路は工場の北西側にヤードを形成しており、その先には神流川の流れがある。かつて対岸にあった多野鉱山とは索道で結ばれていたが、ホッパーと共に残骸をさら

◀初代の木造庫は構内奥の神流川側に位置していた。昭和30年前後に構内入口付近に移ったものと思われる。庫内に休むのは2号機。左にはハフ3（初代）が見える。
　　　1954.10.24　若泉　P：竹中泰彦

▶まるで家庭用水道のような細いパイプから給水中の3号（8号）機。地面にはポーカー棒が転がっている。この様を見つめる右端の子は列車を待つ乗客の連れだろうか…何とも長閑な光景である。
　　　1962.2.18　西武化学前
　　　　　　　　P：吉川文夫

西武化学前構内風景、画面奥が丹荘方。機関庫前にはDC101、機関庫横にはDD104が停まっているが、隣の貨車と比べるとDD104の小ささが判る。左手のハフはもう何年も動いていない。
1968.5.5　P：髙井薫平

しているだけだ。反面、最近建てられた工場は近代的で、もはや軍需産業としての日本ニッケルの遺構は木造の機関庫以外残っていない。

　列車は機関庫の横で一旦停車して最後部のハフ3に連結手が乗り込み、再び走り出す。少し走ったところでハフ3だけが走行中に開放され、スピードを上げた列車との距離を保って、絶妙のタイミングでポイントが切り替えられて、1輌になったハフ3はゆっくりと自転車置き場をかねたホームに停車する。

　あとは客車から降りて、出口を聞き、飼料や化学肥料の袋が積まれた工場の間を抜けて外に出れば、上武鉄道24分の旅は終わりである。

　先日、その後の上武鉄道の痕跡をこの目で見るため車を走らせた。最近は廃線跡ブームでいろいろなリポートもあり情報も豊富になった。線路敷がほとんど全部遊歩道として残っていた。3つの停留所も残っているのだという。この線路跡を地元の人はニッケル線という。昔、列車が走っていた頃より、愛着を持っているようだった。

　かつての西武化学若泉工場はその名も朝日工業埼玉工場となり、以前よりずっと立派になっていた。門が開いていて、守衛さんに"汽車に乗るのですが"と声をかけてみたい衝動に駆られたが、怪しまれるのでやめることにした。

◀これが"乗り場"である。構内通路、自転車置き場が一体となったこの場所が旅客ホームとして機能していた。
1962.8.10　西武化学前　P：髙井薫平

上武鉄道の車輌

蒸気機関車

　上武鉄道の蒸気機関車は、正式に在籍したものは開通に合わせて飯山鉄道から導入した3号機1輌だけというのが通説である。しかし、それらの来歴を追っていくと借入と正式に譲り受けとの関係は判然とせず、1輌ではなくて3輌が在籍したとも考えられる。いずれにせよ上武鉄道を走った蒸気機関車は、3号以外は創業期の国鉄などからの借入機関車と、晩年の西武鉄道からの借入機関車に分けられ、ほかの地方鉄道には見られない特徴であった。

形式1　3号

　上武鉄道が多野鉱山の専用鉄道として1941（昭和16）年9月30日に開業したとき飯山鉄道から譲り受けたC型タンク機関車である。飯山鉄道では同形機が1・2・3号とあったが、この鉄道には小型過ぎたようで、国有化後形式2950になった日立製作所製の1C1機関車6輌が主力になって予備に回ったのか、1号は熊延鉄道の7号として、2号は西武鉄道の2号機として同時期に転出している。1921（大正10）年日本車輌製で同

謎の製造番号「0」の日車銘板。1963.8.10　西武化学前　P：髙井薫平

系機が各地の地方鉄道に見られたおなじみのカマである。

　なお、余談ながら熊延鉄道の公式資料では、熊本に行ったのは飯山の3号機であるとされ、後述の製造番号0事件と関係が有るかもしれないが、これも推理の域を出ない話である。

　日本ニッケル鉄道、上武鉄道を通して、この機関車の活躍は目覚しいものがあった。何しろ機関車1輌だ

西武から来た2号を従えた3号機。製番「0」の銘板を持つこの機関車は、この線の開通に際して飯山鉄道から転入したものだが、熊延鉄道に転じた同形機と番号が入れ替わっていた。
　　　　　　　　　　　　　　　　　　　　　　　　　1954.10.24　若泉　P：竹中泰彦

けという時代もあり、長くこの鉄道の顔として活躍を続けた。最終的には1962（昭和37）年まで現役で、1965（昭和40）年2月5日付けで廃車された。

そして、この機関車を有名にしたミステリーのひとつに「製番0」のメーカーズプレートの存在があった。煙室両側に取り付けられたおなじみの円型の日本車輌の製造銘板には製造番号「0」の数字が鋳出しされていたのである。本当の製造番号は渡辺肇さんの調査で「50」であることが明らかにされたが、現車の銘板には5の数字はなく、ちょうど一文字分の空間があるものの、あとから削り取った形跡も見られなかった。推論すれば銘板鋳造時にたぶん「はめ込み式」になっていた数字の2桁目に「5」の数字型を組み込まないまま鋳造したのかとも思われるが、そのまま車輌に取り付けて出場したのも不思議であった。

もうひとつのミステリーは届出の竣功図で、車輌番号の3を二本線で消して、この機関車が8号と改番されていた事実である。ご承知のようにこの鉄道は老朽機関車の宝庫でもあったので、用途廃止になった西武鉄道からの余剰機関車が全機終結している。この中にダブスの3号機が含まれており、上記3号と番号がダ

ブることになり、西武からきた3号が8号を名乗った。しかし、どこで間違えたのか竣功図の上では日車の3号を8号に改称している。現車は紛れもなく3号のままであり、同時にダブス製の元西武鉄道3号が8号機として存在した。

前述したようにこの3号機関車は日本ニッケル鉄道→上武鉄道に所属、在籍した唯一の蒸気機関車であるとされている。しかし、記録には2輌もしくは3輌の蒸気機関車が存在したとあり、残りは後述のA1と8号でないかとも思われる。

運転整備重量27t、実用最高気圧12.7kg/cm²、シリンダ径330×451mm、最大寸法8005×2642×3454mm、弁装置：ワルシャート式

A 1

1944（昭和19）年、日立航空機の専用線として開通した日興工業（小川・玉川上水）で使用されていた3輌の機関車の内の1輌、立山重工業製のBタンク機である。小川・玉川上水間のこの専用鉄道は1949（昭和24）年5月21日に西武鉄道に譲渡され、旅客営業線になったのは1950（昭和25）年5月15日のことである。この

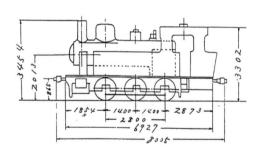

番号「3」を消して「8」とした車輌竣功図。明らかにこの図は日車製3号機ものもので、実際に8号に改番した旧西武3号機（Dubs製）と取り違えてしまったものと思われる。

提供：三宅俊彦

入れ換えが終わり、若泉に向けて出発準備が整ったA1号機。立山重工製の同機はのちに西武鉄道に返却後、所沢車輌工場の手でディーゼル機関車に改造され、1983年まで活躍した。

1955.1.6　丹荘　P：青木栄一

機関車は専用線引継ぎ以前に西武鉄道に移管されたようで、さらに日本ニッケル鉄道では1948（昭和23）年10月7日に西武鉄道からの借入の形で使用を開始している。

この機関車は俗に戦時設計の統制会規格型といわれるグループで、乙B25に属し、車輌重量を示す25とあるように、運転整備重量は25.7tとB20より一回り大きい。戦時設計型といっても終戦後の1945（昭和20）年9月立山重工製である。製造番号は253であり、意外に大きな数になっているのは、このメーカーが戦中から戦後にかけて、多くの戦時設計の小型蒸気機関車を製造し、地方鉄道や産業鉄道に供給した証ともいえる。大戦後、専用線はすでに西武鉄道に引き継がれていた。従って、西武鉄道の車輌竣功図には前所有者の記載はなく、最初から西武鉄道が所有していたと理解している。スタイルはお世辞にもスマートとはいえない戦時設計の色濃いデザインである。単純な平面と直線で構成され、ドームも一体化した標準設計の規格型機関車である。

入線以来、日本ニッケル鉄道において第一線で活躍した。当時、すでに開業以来使用されてきた前述の3号が存在していたが、主力として活躍したようである。

1955（昭和30）年のお正月に青木栄一、吉川文夫の両氏がこの鉄道を訪問されているが、このとき唯一煙を吐いていたのはこのA1であった。しかし、その年の暮れには西武鉄道に返却され、1957（昭和32）年7月、西武所沢工場で足回りを活用して、ディーゼル機関車に大変身を遂げた。このディーゼル機関車は最初、1号といわれたが、のちにD22となり、1983（昭和58）年まで西武鉄道の一員であった。

ところで、残された竣功図の少ない日本ニッケル鉄道に、「形式称号B1」というA1を一回り小型にしたようなBタンク機の図面がある。機関車整備重量は21.3tと軽く、動輪径960mmは同じながらシリンダは300mm×400mmと一回り小ぶりで、実用最高気圧も12kg/cm²と少し低くなって、戦時設計標準型機関車「乙B20形」に該当する機関車である。国鉄に投入されたB20の仲間と考えられるが、こちらの方が動輪径が10mm大きく、全長、固定軸距離ともにもやや大きいから、一時期借用されていたB20 15の払下げを念頭においた計画図面だったとも考えにくい。ともかくこの鉄道に現存しなかった幻の機関車である。

運転整備重25.7t、動輪直径960mm、シリンダ径350×450mm、使用圧力13.0kg/cm²、弁装置：ワルシャート式

バック運転のA1号機の牽く長い貨物列車が今まさに丹荘駅に進入する
貴重なシーン。編成最後部にはハフの姿も見える。
1955.1.6　丹荘　P：青木栄一

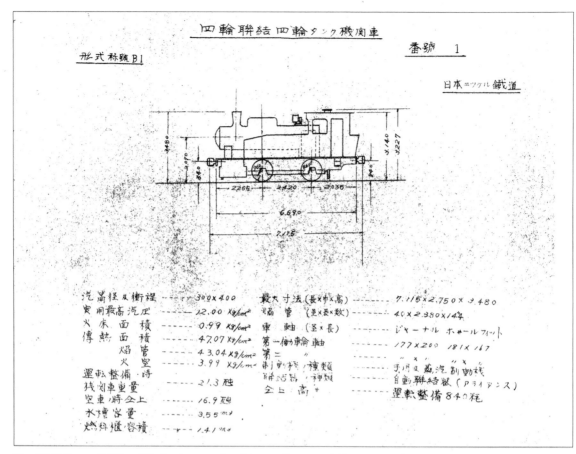

四輪聯結四輪タンク機関車

形式称號 B1

番號　1

日本ニッケル鐵道

汽筒径及衝程	————	300×400	最大寸法(長×巾×高)	————	7,115×2,750×3,480
實用最高汽圧	————	12.00 Kg/cm²	煙管 (長最×數)	————	40×2,380×144
火床面積	————	0.99 Kg/cm²	車軸 (至×長)	————	ジャーナル ホ井ルフィット
傳熱面積	————	47.07 Kg/cm²	第一備動輪車軸	————	177×200　181×167
煙管	————	43.04 Kg/cm²	第二 〃	————	〃 〃
火室	————	3.99 Kg/cm²	制車機 種類	————	手用及蒸汽制動機
運転整備時	————		聯結器 種類	————	自動聯結器 (アライアンス)
残列車重量	————	21.3噸	全上 高サ	————	運転整備 840粍
空車時全上	————	16.9噸			
水槽容量	————	3.55 m³			
燃料槽容積	————	1.41 m³			

謎の「形式称号B1」竣功図。一見借り入れたB20のようだがまったく別物で、この竣功図はいったい何者だったのであろうか？　　提供：竹中泰彦

2号

1954（昭和29）年9月、西武鉄道から応援にやってきた機関車群のトップバッターになった。1920（大正9）年、日本車輌が飯山鉄道向けに製造した3輌のうちの2号機関車（製造番号18）である。是政線でA8に混じって砂利輸送に使用されていた。

1944（昭和19）年に西武鉄道が譲り受けたもので、

3号機と同形の2号機。　　1954.10.24　若泉　P：竹中泰彦

1号機は熊延鉄道へ行って7号になった。さらに3号機関車は前述の日本ニッケル鉄道部が開業に備えて購入して3号になった。

日本ニッケル鉄道では兄弟が再会するといった感激的場面であったが、2輌が揃って煙を吐くシーンは少なかったようである。そして1956（昭和31）年4月には別府鉄道に転出、6号機を名乗り、けっこう第一線で活躍、ディーゼル機関車が整備された1967（昭和42）年5月廃車になった。

運転整備重量27.0t、動輪直径915mm、シリンダ330×451mm、使用圧力12.7kg/cm²、弁装置：ワルシャート式

4号

1886（明治19）年にイギリス・マンチェスターのNasmyth.Wilsonで誕生した古典ロコである。製造番号は302で、日本鉄道が輸入し、その後房総鉄道に転じ、さらに国有化で形式400の403号になった。一般にA8と言われた一連の1B1タンクの元祖のような存在である。国鉄で廃車後川越鉄道に払い下げられて5号機になり、西武鉄道統合のとき4号に改番、是政線

上武鉄道には合計3輌の〝A8系〟が在籍した。写真の4号機は現在でも西武鉄道横瀬構内で静態保存されている。

1962.3.18　西武化学前　P：中西進一郎

に転じて、砂利輸送に活躍していた。

　上武鉄道にやってきたのは1961（昭和36）年12月と比較的遅いほうだったが、早くも1963（昭和38）年7月には使用を中止して、1965（昭和40）年10月1日に廃車となった。これは6号機が1963（昭和38）年5月に入線したためと思われ、通常では1輌使用で十分であったこの鉄道では、毎年のように転入してくる西武鉄道の古典ロコたちを程度の良いものから使いつぶしていった結果だったと思われる。当時の西武化学ではスクラップ処理設備を所有しており、一説にはこの地で

スクラップ化することも考えられていたようだが、この機関車は幸運なことにスクラップにされることなく、西武鉄道に戻って、ユネスコ村に展示されたのち、今は横瀬の構内に安住の地を得ている。

運転整備重量33.96 t、実用最高気圧12.7kg/㎠、シリンダ径330×451mm、最大寸法8005×2642×3454mm、弁装置：ジョイ式

5号

1896（明治29）年Nasmyth. Wilson製の古典機関車、A 8と言われる機関車の仲間である。製造番号は493で、川越鉄道が3号機として4号機とともに増備したものであるが、のちに合併により西武鉄道に編入されて、西武鉄道では5号を名乗っている。ちょうど前述の4号機と川越時代の番号が入れ替わったかたちになっている。西武鉄道では是政線の北多磨機関区に所属し貨物列車の電化まで活躍した。

上武鉄道にやってきたのは2号機関車に次ぐ第2陣で、1959（昭和34）年7月25日である。同年8月30日から使用を開始したが、4号が1961（昭和36）年に入線してくると、1961（昭和36）年12月には運用から外れて予備に回った。西武から応援に回ったカマの中ではあまり当てにされなかったようで1965（昭和40）年4月10日付けで廃車となり、回送整備を行なった後、1965（昭和40）年4月に西武鉄道に戻リ、現在でも西武鉄道保谷教習所に保管されている。

運転整備重量33.96 t、実用最高気圧12.7kg/㎠、シリンダ径356×508mm、最大寸法8005×2642×3454mm、弁装置：ジョイ式

6号

5号と同じ経過を辿った機関車で、川越鉄道4号である。製造番号は639で、製造も20世紀に入った1902（明治35）年の生まれであるが、入手した西武鉄道の竣功図では1枚の図面で処理されている。西武鉄道では戦後、北所沢（現新所沢）にあった米軍基地への資材輸送に使用されていた。

上武鉄道に応援にきたのは1962（昭和37）年3月25日、翌年5月から使用を開始したが、この機関車の使用期間も1年足らずと短く、1965（昭和40）年7月1日付で廃車となった。その後直ちに西武鉄道に戻り、長らく玉川上水の備品倉庫に保管されていたが、惜しくも解体されてしまい現存しない。

運転整備重量33.96 t、実用最高気圧12.7kg/㎠、シリンダ径356×508mm、弁装置：ジョイ式（最大寸法：8005×2642×3454mmというデータには疑問が残る）

8号機、3号機とともに休車留置中の5号機。　1963.7　P：園田正雄

5号機のメーカーズプレート。　1964.5.3　西武化学前　P：小林正義

元川越鉄道4号機関車の6号機関車。1962年に上武入りしたが、使用は1年足らずと短かった。　1964.5.3　西武化学前　P：小林正義

6号のメーカーズプレート。　1969.10.18　西武化学前　P：阿部一紀

キャブ裾部やコールバンカ、カウンターウェイトなどに優美な曲線を用いた外観が秀逸な7号機。上武鉄道で働いたのは3年余りであった。
1962.8　髙井薫平

7号

　アメリカはPittsburgh社、1897（明治30）年5月製の軸配列1C型タンク機関車。大きな動輪と独特の軸配置とやや腰高で、それを強調するようなBrooksを思わすキャブ下の優美なカーブが有名であった。

　この車は伊賀鉄道の3号機として僚機1・2号とともに生まれたが、伊賀鉄道は開業を見ることなく1900（明治33）年11月に解散してしまい、すでに発注されていた3輌の機関車は阪鶴鉄道に2輌、尾西鉄道

に1輌が引き取られることになった。阪鶴鉄道では13号になり、その後1907（明治40）年国有化されて、形式2850の2851号となった。2852号にならなかったのは、2号はすでに尾西鉄道へ転出していて、当時買収されたのは2輌だったからである。尾西鉄道に行った2号機は1911（明治44）年まで使用されたが、鉄道省の190形2輌と交換、阪鶴鉄道買収の形式2850、2850、2851のあとをついで2852になった。

　西武鉄道の7号になった2851も数奇な変遷ののち西

▲1897年ピッツバーグ製の銘板。外観の凝った造作の割りに銘板は長方形の変哲のない実用的なものであった。　1962.5.13　P：阿部一紀

◀ブルックスの流れを汲んだと思われる特徴的なキャブ回り。本機は現在でも東品川公園に静態保存されている。　1962.9.9　P：田尻弘行

武入りをしている。鉄道省2850形2851となった後、同機は1923（大正12）年4月に廃車となり、播州鉄道に払い下げられて8号機となった。その年の10月、播但鉄道に吸収され、播但鉄道の8号機関車になった。播但鉄道は1943（昭和18）年6月に国有化されたが、8号は国有化の対象にならなかったらしく、加古川機関区に留置されていた。これを1945（昭和20）年に西武鉄道が払下げを受けたもので、最初は8号のまま使用されたのち、7号となったらしい。このことは播但鉄道が国有化されたとき、旧番号である2851を名乗らなかったことの裏付けになる。

払下げ後の西武鉄道での様子ははっきりしないが、晩年は北所沢区に所属して、米軍基地の入換に供されていた。イギリス生まればかりの西武鉄道古典機の中でひときわ目立ったアメリカンであった。

北所沢での使用を終えてから、一時期は玉川上水の備品倉庫に鉄道聯隊のK2とともに格納されていた。

1962（昭和37）年3月27日に上武鉄道到着。譲渡ではなく他の機関車と同様、借り入れの形で同年6月12日から使用を開始した。当時の陣容は4・6・8号がいたが、ＤＤ104が入線するまで主力として本線運転に使用された。

1965（昭和40）年11月1日付で廃車となって、西武鉄道に戻り、所沢工場に保管後、1969（昭和44）年3月

にはあろうことか東京都品川区の東品川公園に静態保存される運命になった。なお、運転整備重量は上武鉄道の蒸気機関車では最大であった。

運転整備重量34.06ｔ、動輪直径1321㎜、シリンダ330×557㎜、常用蒸気圧力10kg/㎠、弁装置：スチブンソン式

8号

　A8を寸詰まりにしたような軸配置1B1の古典機関車である。1891（明治24）年、イギリスはグラスゴー、Dubs社の生まれ。製造番号2765である。大阪鉄道が輸入したB型2輌の内の1輌。6号だったが、1900（明治33）年に関西鉄道に合併して57号になり、形式を「駒月」と称した。1907（明治40）年国有化後はしばらく使用されたのち1917（大正6）年6月廃車となり、西武鉄道多摩川線の前身である多摩鉄道が開業にあわせて払い下げをうけ、A1を名乗った。

　日本ニッケル鉄道に転属したのは1956（昭和31）年3月のことである。借入のかたちでの入線であったが、1958（昭和33）年9月に西武鉄道との間でこの機関車の売買契約が締結され、同10月に車輌譲受による設計認可申請が出されている。売買価格は126万円であった。このあと運輸省から形式と車輌番号の照会が行なわれているので、8号への改番はこの時期であったと

「3」の旧番号を巧みに書き足して「8」としたダブス製8号機。本機も東京・池袋にある東京交通短大交通資料館に静態保存されており、現在でもその姿に接することができる。

1962.3.18　中西進一郎

80

8号機のメーカーズプレート。 1964.5.3 西武化学前 P:小林正義

も思われる。したがって、この機関車はこれまで伝えられた西武鉄道からの借入車ではなく、日本ニッケル鉄道の所有する機関車であったことになる。

8号に改番したのはこの鉄道の主である3号に敬意を払ったからであろう。西武鉄道の蒸気機関車は3輌もあった1号を除けば2号から7号まで揃っていたから、8号を名乗ったのは当然ともいえた。ところが最近写真を眺めていて妙なことに気付いた。数字の8の左側がなんとなく薄くなっているのである。すでに何度も書き直されたペンキ書きの数字の3の左側に書き足したと思える跡が残っているのである。そうすると偶然の一致だろうが、3号はいとも簡単に8号に改番が可能だったことになる。なお、この機関車は飯山鉄道からきた3号が廃車になると3号に戻され、数ヶ月使用されたとも聞く。廃車後は西武鉄道に戻り、現在は東京交通短期大学交通資料館に保存されている。
運転整備重量31.23t、動輪直径1.225mm、実用最高気圧10.0kg/cm²、シリンダ径330×457mm、最大寸法8433×2286×3607mm、弁装置：ワルシャート式

形式1260 1261号

1947（昭和22）年4月、日本冶金大江山専用線（加悦鉄道が運転管理）から借り入れた1923（大正12）年日本車輌製のCタンク機で、3号と同系の機関車であった。加悦鉄道の前、国鉄に所属し、形式1260はそのときの形式であるが、本来は島根県の簸上（ひのかみ）鉄道からの買収機関車で、その6号であった。国鉄からの払下げは1943（昭和18）年といわれ、加悦鉄道が運転管理していた大江山ニッケル、のちの日本冶金に払い下げられ、同じニッケル業のよしみか、車輌不足に悩む日本ニッケル鉄道に応援にやって来た。1949（昭和24）年3月に返還され、以後、加悦鉄道では鉄道廃止まで在籍し、現在は加悦の鉄道広場に保存されている。

日本ニッケルに於ける活躍は、ちょうど国鉄から借り入れたB20 15と、その後西武鉄道から応援にきたA1の狭間で、大活躍とはいかなかったようで、この事実は当時訪問された柴田重利さんのリポートからも読み取れる。
運転整備重量32.6t、動輪直径1.060mm、シリンダ径356×508mm、常用使用圧力12.5kg/cm²、弁装置：ワルシャート式

B20 15

1947（昭和22）年から約1年間、国鉄高崎機関区に所属していたB20形1輌を借用し使用していた。1947（昭和22）年3月、立山重工業で生まれた戦時設計の産業用機関車、乙B20形（製番402）であるが、新造配属の翌月に日本ニッケル入りしたものと思われる。そのくらい、この鉄道の車輌事情は切迫しており、たちまち主力機関車として活躍したらしい。そして、1年半後に西武鉄道からA1が転入して、1948（昭和23）年10月高崎機関区に戻った。高崎機関区ではせいぜい無火の機関車入換が主な仕事で、それでも1962（昭和37）年まで国鉄に在籍し、最終的には小倉工場で解体された。

形式1150（1165）　または形式1070（1070）

1942（昭和17）年に短期間国鉄から借用した軸配置2B1のタンク機関車がある。資料によると1165（沖田祐作編『機関車表』ほか）と1070（『鉄道ピクトリアル』620号「日本ニッケル鉄道沿革史」東京学芸大学鉄道研究部）と2つの記述が見られるが、このいずれかであったと思われる。形式1070はネルソンの4-4-0テンダー機関車、形式6200をタンク機関車に改造したもので49輌が改造され、戦後も在籍してしばらくあちこちのローカル線や小運転用として活躍していた。1165はアメリカネルソンといわれた形式6300テンダー機関車19輌を国鉄工場でタンク機関車に改造したもので、1070にくらべると地味な存在であった。当時日本ニッケル鉄道に貸し出しする国鉄機関区はおそらく高崎区であったはずだが、当時の高崎区の配属機を見ると形式1070が見られるので有力である。会社側の届け出書類によれば1070号機関車は1942（昭和17）年1月9日から14日まで6日間、借用使用している。理由は「弊専用線機関車修繕期間中」とある。

一方、1165は形式1150がアブト式電気機関車のねぐらである横川機関区に1輌在籍していた記録がある。横川での用途はおそらく第3軌条や架線のない庫内での電気機関車入換用であったが、常に2輌ほどの蒸気

機関車が在籍していたようだ。沖田さんの調査では
1165は横川で廃車されているが、1963（昭和38）年に
筆者が上武鉄道を訪問した際、当時の技術員であった
田中さんという方の記憶によれば、3号機関車の修理
の間約3ヶ月間、国鉄横川機関区から1165号機関車を
借用し使用した、とのお話を伺っており、こちらの方
も棄てがたく、実際には2度の借り入れがあったので
はないかと思っている。

八島製作所製　無番号機

　小林宇一郎さんが1950（昭和25）年に訪問したとき、
シートをかぶって放置されていたという6t、Bタンク
機関車で、1941（昭和16）年10月製、製造番号は106で
あった。全体に小ぶりで、762mm用の改造であったと
いうが、詳細不明の謎の機関車である。白井茂信さん
によれば、八島製作所という会社は1937年に創業して
1950（昭和25）年まで150輛ほどの蒸気機関車を製造し
た会社で、東京の小名木川にあった。Koppelの小型機
をスケッチした6tと8tの軽便用Bタンクがほとん
どであり、1067mm軌間用は少数派で、上越線の車窓か
ら見えた六日町製鉄の無番号機が私の見た唯一の現役
八島機であった。

内燃機関車

　様々な蒸気機関車が出入りした上武鉄道であったが、
内燃機関車でも蒸気機関車に劣らぬ希少価値の高い内
燃機関車が存在した。とくに、創世記の内燃機関車と
して知られる日本車輌と日立製作所の試作機的機関車
が在籍したことで知られている。また、その後に増備
した車輌も1輛を除き他社からの譲り受けであった。

D1001

　日本車輌が1937（昭和12）年に製造した最初の地方
鉄道向けディーゼル機関車として知られる。鹿島参宮
鉄道が発注したもので、池貝鉄工ＨＳＤ12、6気筒90
psのディーゼルエンジンを積んだ創世記のディーゼル
機関車ともいうべき存在であった。この時代の内燃機
関車は林野庁（森林鉄道）、内務省（土木工事）、軍や外
地向けが中心で、地方鉄道向けとしては初めての作品
である。湯口　徹さんによれば鹿島参宮鉄道ではほと
んど動いたことがなかったらしい。重量13t、ロッド
連動のB型で、当時の産業型機関車のキャブだけ背を
高くした、これぞL型というスタイルである。
　日本ニッケル鉄道にやってきたのは1953（昭和28）

日本車輌が最初に地方鉄道向けに製造した機関車であるD1001。日本ニッケル鉄道には鹿島参宮鉄道から1953年に入線、小さい体に似合わず本線での列
車牽引に活躍した。ゼブラ塗装になる前の写真は珍しい。
　　1956.8.31　丹荘　P：久保　敏

初代ハフ3を付けて丹荘のホームに待機中のD1001。このまま模型化したい人が多そうだ。ちなみにこの当時は連結器が上作用であるが、下のゼブラ塗装時には下作用に改められている。
1956.8.31　丹荘　P：久保　敏

ゼブラ塗装になったD1001の前面。ラジエータシェル上方に日車の陽刻が浮かび上がる。
1968.5.5　西武化学前　P：髙井薫平

台枠まで全面ゼブラ塗りの後ろ側。こうやって見ると意外に平凡なスタイルだ。
1968.5.5　西武化学前　P：髙井薫平

83

D1001の製造銘板と上武鉄道の社紋。
1969.10.18　西武化学前　P：阿部一紀

年5月、早瀬某という人が仲介したといわれている。D1001といういかにもそれらしい形式番号はそのまま受け継がれ、ディーゼルエンジンとしても古典に属する池貝のエンジンもついたままであった。

　私が若泉に何度か訪れたとき、この機関車はいつもクラから少し出たところで停まっていた。だから"この機関車は力もそんなに強くなく構内の入換用程度"と思っていたら、客車1輌率いた定期列車にも結構使用されたようである。吉川文夫さんが撮られた1962（昭和37）年2月の走行写真、1956（昭和31）年8月久保敏さんの丹荘駅のシーンなどを見ると、この機関車の底力を見る思いがする。

　D1001は1961（昭和36）年7月にエンジンを当時国鉄の標準型でもあったDA55に載せ換えている。黄色と黒のゼブラ塗装は、このエンジン載せ換えの頃ではないかと思われる。キャブの側面に小さな窓の取り付けもその頃であったらしい。そのほか、運転室左後方隅から屋根上まで立ち上がった排気筒の先端の向きが枕木方向からレール方向に変わったり、車側にあった汽笛が屋根上に移ったり、微細な変更が見られる。

　1964（昭和39）年12月、大井川鉄道からきたＤＤ104が走り出し、1966（昭和41）年に建設省出身のＤＣ101

が入線すると、完全な予備機に回り、使われない貨車に挟まれて側線に留置されていたが、1969（昭和44）年についに除籍されてしまった。
最大寸法5500×2250×3350mm、自重12.6ｔ、エンジン形式/出力：日野ＤＡ55/85ps、前進4段機械式、最高速度30km/h

DC101

　1954（昭和29）年、三菱重工業が建設省関東地方建設局に納入した三菱の産業用標準型機関車、建設省時代の機械番号28-403であった。1966（昭和41）年1月14日車輌設計認可、6月15日車輌竣功届、使用を開始している。土木工事に使用していた機関車を地方鉄道に使用するため、西武所沢工場において連結器を土木工事用のピンリンク式からごく一般的なシャロン式座付き自動連結器に変更。連結器の取付位置が高くなったので、土木機関車時代より小ぶりな感じの機関車になった。

　車輌台帳上では1966（昭和41）年6月、西武所沢工場新造になっているが、もちろん改造工事を行なったに過ぎない。現車には三菱重工、製造番号812という銘板も付いている。エンジンは三菱重工製DE形、6気筒190psで、振興造機のDF115トルクコンバーターをつけている。古参のＤ1001は背の高い運転台で、居住性はよかったが力不足、次に入った後述のDD104は力は強かったが、ご存知のように運転台はもぐりこむように狭くて背は低い。これに対してDC101は一番バランスの取れたスタイルで現場でも使いよかったようである。重量貨物列車はDD104が出動するが、この機関車は重宝に使用されていた。
最大寸法6852×2370×3030mm、自重20.65ｔ、固定軸距離2400mm、エンジン形式/出力：三菱重工DE形/190ps、DF115液圧式、最高速度30km/h

建設省淀川工事事務所時代の28-403、のちのDC101である。当時はまだバッファー・リンク式の連結器であった。　P：中西進一郎

使い勝手が良かったのか本線仕業に充当される機会の多かったDC101。元土木用だけあって、第2動輪はフランジレスである。

1979.10.31　丹荘　P：名取紀之

DD104

　中部電力が井川ダム建設の資材輸送用に、大井川鉄道に運行管理を任せていた井川線に投入した35tディーゼル機関車である。1954（昭和29）年日立製作所で

3輌製作されたDD104〜106のうちのDD104で、ダム工事が一段落した1964（昭和39）年に上武鉄道にやってきた。車輌番号はそのまま踏襲している。なお、105・106の方も同時期に東濃鉄道笠原線に転じている。

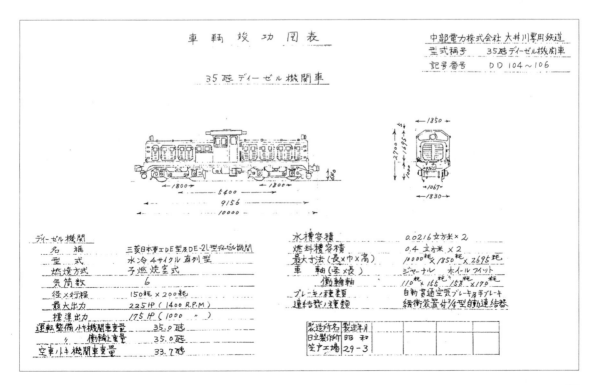

上武鉄道若泉機関庫には1964（昭和39）年11月17日、貨車に載せられて到着した。20日にはとり降ろしが完了し、整備に着手、連結器をアライアンス座付きに交換し、取り付け位置を変えるなどの大工事を含めて機関庫内で整備・改造工事が行なわれた。そして12月6日には整備が完了したものの、変速機関系に異常が見つかり、西武所沢工場に送られて、試運転が行なわれたのは同年12月26日であった。したがって、正式の車輛設計認可などが遅れてしまい、車輛竣功届は翌年の5月になってからである。

ご承知のように、大井川鉄道の上部軌道というべき井川線は1067mm軌間でありながらいわゆる3/4スケールで設定されているから、この機関車も大井川鉄道井川線では堂々としていたものの、普通のサイズの上武鉄道ではずいぶん貧相な機関車に見えた。

しかし、三菱DE2エンジンを2台持つ強力機で、見掛けによらぬ力持ち。たちまち主力になり蒸気機関車の使用は激減した。搭載した2台のエンジンの内、一方にはスターター用のガソリンエンジンが、一方にはセルモーターが取り付けられているのは、当時のエンジン始動技術を物語るものである。というのは、自動車と異なり、ディーゼルカーや機関車はエンジンがかかりにくいというのが常識で、どこの鉄道でも一晩中、

大井川鉄道井川線時代のＤＤ104。連結器が低い分、上武鉄道に転じて以後よりもずっと堂々として見える。　　　1957.8　千頭　P：髙井薫平

エンジンを回していた。2種類のスターターを取り付けたアイデアは、あちこちの機関庫で見られたこの光景に対応したものだった。

最大寸法10000×1830×2700mm、自重35.0t、固定軸距離1800mm、エンジン形式/出力：三菱重工DE-2及びDE-2L/225ps×2、DF115液圧式、最高速度30km/h

DB102

1969（昭和44）年に増備した上武鉄道初の新造車である。新潟鉄工所製の25t、貨車入換機に毛の生えた程度の平凡な機関車である。1970（昭和45）年から使

丹荘で発車を待つDD104。出力は大きいものの、トンネルさえない上武鉄道ではその車体断面の小ささは乗務員泣かせだったに違いない。

1977.10.8　丹荘　P：阿部一紀

開業以来初めて導入した"新車"がこの新潟鉄工所製DB102であった。ラジエータを両サイドに配したいかにも新潟製らしい25 t 機である。

1983.1.22　名取紀之

最後に入線したのがこのDD351であった。元八幡製鉄とあって、本機も遮熱のためラジエータをサイドに配しているのが判る。　1983.1.22　名取紀之

用を開始したが、旅客営業を廃止したのは1972年末日だから、混合列車に使用された期間も短い。1972（昭和47）年12月31日の旅客営業最終列車にはこの機関車が使用された。

自重25.0 t

エンジン形式/出力：DMH17C/180ps

DD351

1979（昭和54）年、八幡製鉄所から譲り受けた日立製作所1962（昭和37）年製の35 t 機関車である。八幡時代はD307と称した。西武化学の専用線化したあとの入線で、申し訳ないことに、前述のDB102とともに面識のない機関車である。訪問者も少なかったようで、一番情報の少ない機関車であった。

D21（借入車）

1964（昭和39）年から1965（昭和40）年にかけて西武鉄道から借り入れたディーゼル機関車。1964（昭和39）年11月3日の柴田達夫氏の訪問記（『鉄道ピクトリアル』166号）によると、当時の上武鉄道では3・4・5・6・8号は処分待ちで留置され、7号のみ予備機として残り、動いているのはD1001とこのD21のみ、主力はD21だったという。この機関車は成田鉄道が1931（昭和6）年に日立製作所から購入した試作的要素の強い凸型ディーゼル機関車（製番431）で、成田時代はD1001を名乗っていた。1944（昭和19）年に武蔵野

混合列車を牽引する成田鉄道D1001。関東各地を転々とした末、上武鉄道にやってきた時には西武鉄道D21となっていた。　　　P：大谷正春

鉄道へ売却、ここでは決まった仕事はなかったようで、その後、各地を転々としたのち再び西武に戻り、所沢工場でエンジンをDMF13に載せ変え、上水線の延長工事に使用された後、上武鉄道に貸し出された。1931（昭和6）年といえば内燃機関車の開発が各社で行なわれた時代で、奇しくも短期間とはいえ、黎明期の内燃機関車である2輌のD1001の顔合わせが実現したことになる。1965（昭和40）年西武鉄道に戻り、所沢工場で再整備されたのち、工務部所属になり秩父線建設などに使用され、1969（昭和44）年まで活躍、さらに保線機械＝工務部7号として1977（昭和52）年まで在籍した。

最大寸法7350×2616×3850mm、運転整備重量22.2 t

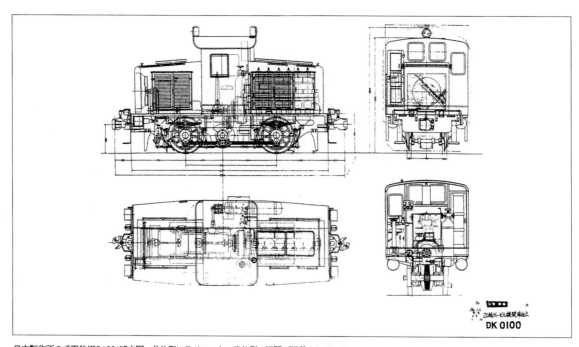

日立製作所の成田鉄道D1001組立図。前位側にラジエータ、後位側に機関が搭載されている。

88

客車

この鉄道では日本ニッケル時代、上武鉄道時代を通して客貨車はすべて他社からの購入、もしくは借り入れ車輌であった。とくに旅客営業に情熱を燃やした時期があって、鉄道省や国鉄に車輌の払下げを盛んに要請していたようだ。本稿ではそれらの車輌計画についても知り得た限り記す事にした。

ハフ 1 （2）

旅客営業に備えて1947（昭和22）年6月に西武鉄道から借り入れた3輌のうちの1輌。窓配置1D4D1の近代的木造2軸客車であるが、もとは1894（明治27）年東京平岡製作所製のマッチ箱客車で、川越鉄道「よ2」という上・中等客車。その後「ロ2」と形式を改め、最後は是政線で使用されていた。車体の近代化改造は戦時中に行われたと考えられ、最後の仕事場となった是政線の北多摩機関庫の隅に物置になった旧車体が鎮座していた記憶が残っている。

日本ニッケルでは1947（昭和22）年5月1日からの旅客営業に間に合わせるべく、同形3輌の借り入れを計画したが、実際に車輌が到着、使用を開始したのは6月のことで、この間の乗客を乗せる車輌がなかったので鉄道省から客車1輌を借り入れている。1958（昭和33）年8月に正式に譲り受け、前後して車体は鋼板で補強されている。また、1959（昭和34）年ごろには

車体近代化によって用途不要になったハフ2の旧車体。いわゆる〝マッチ箱客車〟そのものである。 1954.3 西武鉄道北多摩 P：高井薫平

ツートーンカラーに塗り分けられ、窓下には関係の深かった尼崎肥料の大きな看板を取り付けて、当時ではたいへん珍しい広告客車(?)になっていた。この車の軸箱の蓋には川越鉄道と甲武鉄道の社紋が鋳出されており、川越鉄道入線前に甲武鉄道に所属したか、甲武が発注済みの物を最初から川越鉄道が譲り受けたか筆者にとっては不明のままである。

ニッケルでの活躍は2代目ハフ3が入線する1963（昭和38）年まで続き、その後は予備車になっていたが、1967（昭和42）年12月31日廃車。西武鉄道に返却され、一時は保存される話があったものの、後に解体されてしまったようである。

ハフ2。川越鉄道からの古典客車を近代化、窓下に鋼板を張ったテンプラ車輌、つまりはニセスチール車である。 1955.1.6 若泉 P：青木栄一

だんだん崩れてきたハフ2。この後ハフ2は西武鉄道に返却され、台枠と走り装置が長らく保存されていたが、残念ながら現存はしない。
1968.3.17　西武化学前　P：高井薫平

川越鉄道の社紋が鋳出されたハフ2の軸箱。　1961.11　P：園田正雄

最大寸法8040×2690×3650mm、自重6.5 t、定員54（22）人

ハフ1（初代3）

　ハフ2とともに西武鉄道から借り入れた車輌。川越鉄道下等車「た1」で、東京三田製作所1894（明治27）年8月の生まれである。後にハ1と改番され武蔵水電、西武鉄道と鉄道名は変わったものの、最後の働き場所は是政線であった。

　日本ニッケル入線後はハフ2と同様の経過を辿るが、1963（昭和38）年2代目ハフ3が入線すると、1963（昭和38）年3月31日付で廃車になり、丹荘駅の保線小屋

廃車後、丹荘で保線小屋として活用された初代ハフ3の廃車体。屋根上にはストーブ用の煙突が突き出している。　1962.11　P：阿部一紀

左の写真から7年後。すでに使用されなくなってから久しいらしく、窓などの崩壊が始まっている。　1969.10.18　P：阿部一紀

ハフ2とともに西武鉄道から借り入れられた初代ハフ3。旅客輸送を一手に担っていた。下の写真から1年半あまりでの撮影だが、腰板一杯に朝日化学の広告が描かれている。
1956.8.31 丹荘 P：久保 敏

になったが、もちろん現存しない。

最大寸法8040×2690×3650mm、自重6.5ｔ、定員54（22）人

ハフ1（4）

　ハフ2・3とともに1947（昭和22）年に西武鉄道からやってきた。記録では元川越鉄道「れな2」、改番して「ユニフ2」となった車で、1894（明治27）年12月東京平岡製作所製のマッチ箱客車である。ほかの車と同じような近代型車体に載せかえられたときに「ハフ4」を名乗ったらしい。

　日本ニッケルでの使用期間は極めて短く、翌年1948（昭和23）年には西武鉄道に返却されている。

ハフ3（2代目）

　書類上は1963（昭和38）年2月、西武鉄道所沢工場製の新車であるが、その前身はかつて所沢工場の入換機関車の代用となった篠山鉄道のレールカー、レカ1であることはあまりに有名である。

　1934（昭和9）年、日本車輌が篠山鉄道に納入した標準型小型ガソリンカーである。西武所沢の新造銘板が張ってあり、車内外にかつてのレールカー時代の記録は何も残っていないが、簡素な軸受周り、片側1つしかない出入リ口、全体にきゃしゃに見えるそのスタ

初代ハフ3。この当時はドア間のみに尼崎肥料の大看板が取付けられていた。
1955.1.6 若泉 P：吉川文夫

元ガソリンカーであることを物語るハフ3（2代目）の単台車。
1969.10.18 西武化学前 P：阿部一紀

旅客営業廃止まで活躍したハフ3（2代目）。座席定員20名の本当に小さな単車であった。 1973.7 西武化学前 P：園田正雄

イルは、マスブロ化されたという日車の小型ガソリンカーの特徴を残す貴重な存在であった。

晩年の上武鉄道たった1輌の旅客車として、あるときは蒸気機関車に、あるときは長大貨物列車のしんがリを務めるなど、すっかり有名な車輌になった。後にディーゼルカーが投入されたが、相変わらず旅客輸送の主役として最終日を迎えた。

最大寸法7560×2720×3385mm、自重5.5t、定員47(20)人

ナハフ14151

1947（昭和22）年5月1日の旅客営業開始に当たり、西武からの客車が間に合わず、急遽高崎客車区から借り入れた車輌で、6月になると西武鉄道から単車群が入線して返却されている。

コハ2360

若泉の構内に放置され、使用される事なく解体された加藤車輌1930（昭和5）年製の元中国鉄道のガソリンカー改造客車。もとはキハニ100（I）で、湯口　徹さんによると珍しいパワートラック式と称し、チェーン連動、2軸駆動の車輌だった。その後大改造したものの、使いにくかったのか客車化され、国有化されたときにはホハ7として客車になっていた。国有後の車輌

形式番号もホハ2360であった。1944年6月の国有化のとき、すで状態は悪かったようで、国鉄形式はもらった

コハ2361の旧動力台車。いわゆるパワートラック方式といわれる珍しいもの。 1955.1.6 若泉 P：青木栄一

コハ2361の付随台車。軸バネはコイルバネになっている。 1955.1.6 若泉 P：吉川文夫

ものの、1947（昭和22）年9月、岡山で廃車になった。

日本ニッケルの払下げ申請は定かではない。しかし、1955（昭和30）年に若泉で現車を調査された青木栄一氏が「注意　省外売却予定車に付き解体を禁ず、昭和22年10月13日客貨車課長」というペンキ書きと、「20－3鷹取工」という検査票が残されていたと記録されておられるので、ニッケル入りは1947（昭和22）年10月以降と考えられる。

このような車輌を2輌も遠く岡山から運んできた目的は、今となれば解き明かすことは不可能であろう。考えられることは旅客営業運転に際して各方面で車輌を探し、西武鉄道の単車群と並行して話を進めた結果か、あるいは1946（昭和21）年9月に認可の下りた渡瀬延長を本気に考えた車輌増備計画の一環であろうか、と考えている。しかし、前述のように荒廃がひどく、再起できなかった。

コハ2361

前述のコハ2360とまったく同じ事情で若泉に入り、そしてこの地で解体された車輌で、元中国鉄道初代キハニ110である。同様な理由で客車化され、ホハ8を経てコハ2361になっていた。いずれにせよ試作的要素の強い車輌であったのだろう。

余談だが、中国鉄道はその後大型の気動車を17輌、1933（昭和8）年から1937（昭和12）年にかけて投入

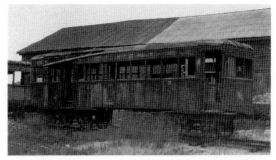

再起することのなかったコハ2360。雨樋がはずれ、さらに痛々しい姿である。　　　　　　　　　　1955.1.6　若泉　P：青木栄一

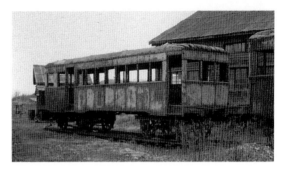

荒廃しきったコハ2361の姿。　　　　　1955.1.6　若泉　P：吉川文夫

しているが、100・110を名乗る車輌もその2代目が存在し、エンジンはこれら17輌のうちのいずれかに転用されたという。

コハ2361。コハ2360とともに中国鉄道の元ガソリンカーである。買収による国有化を経て、戦後、客車として使用する目的で日本ニッケルに入線したが、写真のように大変な荒れようだった。
　　　　　　　　　　　　　　　　　　　　　　　　　　　　　　　　　　　　1955.1.6　若泉　P：青木栄一

津軽鉄道からはるばるやって来たキハ2400だったが、ほとんど使われることはなかった。前身は1931年日本車輌製、三岐鉄道キハ3。伊勢、津軽と転じた気動車はここ武州の地でひっそりと終焉を迎えた。
1968.3.17　西武化学前　P：髙井薫平

気動車

キハ51

　1946年（昭和21）年ごろ払下げを企てたのが、飯山鉄道のキハ51であった。すでに形式図なども入手していたのは1956年、久保 敏さんの訪問のときのメモから読み取れる。また、この車の払い下げ手続きが開始されたことを示す書類も残っていた。この車輌は1932（昭和7）年日本車輌製のガソリンカーで、南総鉄道キハ103として生まれ、1942（昭和17）年飯山鉄道に転じてキハ51になった。すでに飯山鉄道では当時大型の気動車が幅を利かせていて、定員40人、自重6.5 tのこの小さな車がどの程度活用されたかは不明である。それで売却の対象になり、当時客車を探していた日本ニッケルの目にとまって、交渉が行なわれたものと思われる。しかし、成約に至らず、実際にはこの車は日立航空機の工具輸送用に転じている。

キハ2400（コハ10）

　1967（昭和42）年4月、津軽鉄道から譲り受けた日本車輌製の気動車である。1931（昭和6）年7月生まれで、三岐鉄道キハ3が前身である。三岐鉄道はこの車を一度に5輌も投入し、戦時中は木炭ガス発生装置を取り付けて酷使、戦後1951（昭和26）年にディーゼルエンジンに吊り変えて使用していた。しかし、

1956（昭和31）年に電車が走るようになると用途が狭まり、1957（昭和32）年から翌年にかけて、キハ3～1の3輌が遠く津軽鉄道に売却されキハ2404～2406となった。豪雪地帯の津軽鉄道では動力軸不調、クランク軸折損、変速機ギヤ欠損など、その保守に相当手を焼いていたようで、一時は客車代用になった時期もあった。

　上武鉄道におけるこの車の存在は決して幸せではなかった。入線当初の7月5日から練習運転を行なったものの、私の知る範囲では本線を走る雄姿に接した人はいないようだった。さらに試運転したものの最初はコハ10という客車で認可を受けていたという。しかし、このコハ10時代の写真も見たことがない。1967（昭和42）年10月、気動車として設計認可を受け、同年11月に竣工届を出して、キハ2400を名乗った。

　車体はハフ3とおなじ西武色に塗られ、若泉のクラてはひときわ目立つ存在であったが、いつも貨車に挟まれて留置されており、大金50万円也を投じてフリーケントサービスを目指したこの車はほとんど使われることなく、1973（昭和48）年に廃車となった。

貨車

　貨車は専用鉄道としてスタートした日本ニッケルの時代から、1輌を除き、すべてほかからの転入車であ

った。また、この鉄道の晩年、国鉄大宮工場の要請で国鉄の廃車解体を請け負ったことがあり、このときにはこの鉄道にまったく関係のない自社のものよりずっと立派な貨車や客車が若泉の構内を埋めていた。

ト11（ト11）

専用線開業に合わせて1945（昭和20）年営業を廃止した群馬県の岩鼻軽便鉄道から購入した元鉄道省ト8993、自重4.25tの無蓋貨車。日本ニッケルには1943（昭和18）年に入線、翌年には除籍されている。

ト1（ト1・2）

1948（昭和23）年、鉄道省から払下げを受けたト30005、30043である。それぞれ豊川鉄道、宮城電気鉄道からの買収貨車で、1942（昭和17）年木南車輌の生まれであった。ワ1と同様、2段リンク改造の対象から外れ、廃車された。荷重17t、自重6.8tだった。

ト10（ト10）

ト1と同時期に鉄道省から払下げを受けた。1941（昭和16）年同じく木南車輌製であるが、小倉鉄道買収貨車で国有化後はト1470であった。荷重12t、自重7.4t。1968（昭和43）年訪問の時にはすでに休車になっていた。

トム51（トム51～60）

加悦鉄道から1947（昭和22）年に応援にきたグループで、車輌番号も変わっていない。このうち正式に譲り受けたのは56から60の5輌で、さらに58・59・60の3輌は2段リンク改造を受けて1972（昭和47）年まで在籍した。荷重15t、自重8.2t。1942（昭和17）年、若松車輌の生まれであった。

トム501（トム506～510）

1959（昭和34）年2月、西武鉄道から転入してきたグループで、側板はあおり式でなく、中央に観音開きの扉を持つスタイルである。西武鉄道との売買価格は1輌あたり28万円であった。荷重15t、自重7.2t。

トム1016。車体中央に取付けた鉄製の大きな観音開き扉が特徴。
1968.3.17　西武化学前　P：髙井薫平

トム506。トム1000と同じ西武鉄道からの転入車で5輌在籍した。

1968.3.17　西武化学前　P：髙井薫平

トム1001（トム1003・1008・1016・1021・1025）

　トム501と同じ西武鉄道からの転入貨車。西武鉄道では100輛を越す大所帯であった。やはり観音開きの扉を持ち、トム501に較べやや側板の高さが高くなっていた。1959（昭和34）年2月、両社間で売買契約締結、若泉において引渡しが行なわれた。1輛30万円であった。荷重15ｔ、自重7.4ｔ。1919（大正8）年日本車輌製造の古い貨車で、やはり2段リンク改造の対象外であった。

ト20（ト20・21）

　1948（昭和23）年、鉄道省のト15532・16995の払下げを受けたものである。1962（昭和37）年頃まで在籍したが、活躍の場は少なかったようだ。

ト31（ト31〜33）

　ト20と同時期に鉄道省から払下げを受けたもの、鉄道省時代の旧番号はト16686・1844・1703とのことであるが、この車も現車確認していない。やはり2段リンク改造の対象外で1962（昭和37）年には廃車になっている。

ト38（ト38〜40）

　この車も鉄道省からの払下げで、1949（昭和24）年

平凡な外観ながら19世紀生まれの古典貨車であるワ3。合計5輛の同形車が在籍していた。　　　　1962.5.13　西武化学前　Ｐ：阿部一紀

払下げを受けた。ト15491・2458・15462・401であった。やはり2段リンク改造の対象外であった。

ト101（ト101）

　ト20・31のグループと同時期に同様に鉄道省から払い下げられたト4185であるが、なぜ101になったのか解明できていない。

ワ1（ワ1〜5）

　1894（明治27）年三田製作所製の荷重10ｔ、自重7ｔの有蓋貨車。西武鉄道の前身でもある川越鉄道からの引継ぎ車で、1959（昭和34）年ニッケル入りした。形

元川越鉄道の10ｔ積み有蓋車であるワ1形。シュー式軸受けのままであったことが災いして廃車となった。　　　1968.3.17　西武化学前　Ｐ：高井薫平

西武化学前構内に留置された車輌群。自社のワ1のほかに2軸タンク車、それに手前にはスハ43の姿が見えるが、これは末期に請け負っていた国鉄車輌の解体業務の関係で入ってきたものであろう。　1983.1.22　西武化学前　P：名取紀之

ワ4の側ブレーキ側。　　　1962.5.13　西武化学前　P：阿部一紀

式番号とも西武時代を踏襲している。国鉄線乗り入れ条件であった2段リンク改造の対象から外れ、1969（昭和44）年廃車になった。西武鉄道からの引渡しはトム1001と同時であるが設計認可は同年6月30日になった。譲り受け価格は1輌あたり24万円であった。

ワム200（ワム201・202）

1969（昭和44）年、西武鉄道から入線した車輌で、西武時代も同番号であった。1956（昭和31）年、西武所沢工場製、1972（昭和47）年改造ということになっているが、詳細は不明。

パ　ワム8000

1968（昭和43）年、日本車輌から購入した新車である。国鉄のワム80000と同一設計であり、この時期1輌だけの新車購入の真相はわからないが、最終的には鉄道廃止まで在籍していた。

パワム8000。自社発注の日車製新車だが、すでにこの時点では使用されておらず荒廃している。　　1984.8.14　西武化学前　P：阿部一紀

そして最後の日々

　上武鉄道の旅客営業が廃止されたのは八高線が無煙化された２年後、1972（昭和47）年末のことだった。旅客輸送人員は言うに及ばず、この時点で貨物輸送量も知れていたから、誰しもいくばくもなく路線そのものが廃止されるものだと思われていた。ところが実際は1986（昭和61）年11月１日付で国鉄丹荘駅の貨物扱いが廃止されるまで、実に14年近くにわたって生き延びることとなる。これは何とも意外であった。

　その背景に何があったのかは定かではないが、特筆されるのは、1980年代の西武化学前構内で大量の国鉄車輛が解体されたことであろう。貨車は言うに及ばず、20m級の旅客車まで多種多様な国鉄車輛が上武鉄道によって西武化学前に引き込まれ、機関庫の神流川側に誂えられた作業場で解体されていった。西武化学はその前身の日本ニッケル時代からスクラップ鋼の再生製

1972年一杯で旅客営業は廃止されてしまったが、丹荘駅のホームには剝げた駅名標がポツンと残されていた。　　1981.1.6　P：名取紀之

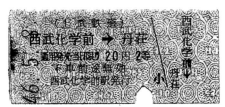

所蔵：堀川正弘

丹荘の旧旅客ホームで発車を待つＤＢ102牽引の下り貨物列車。この便の荷はワラ１輛だけとちょっと寂しい。　　1981.1.6　P：名取紀之

ＤＤ51 813〔高一〕の牽引する八高線下り貨物列車が到着すると中線に待機していたＤＢ102が構内をちょこまかと走り回って貨車を受け取る。大小２輛のディーゼル機関車が発車までしばしの休息…。
　　　　　　　　　　　　　　　　　　　　1981.1.6　丹荘　P：名取紀之

上州名物の桑畑が広がる寄島付近を行くＤＢ102の下り貨物列車。当時すでにＤＤ351が入線していたが、輸送量も減ってしまっていたためか、小型の
ＤＢ102が本線の列車牽引に充たることが多かった。
1981.1.6　Ｐ：名取紀之

鉄も行っており、恐らくそのノウハウを活かしての副
業が、近代化・合理化によって大量の廃車を生じさせ
た当時の国鉄の需要とマッチしたのであろう。いずれ
にせよ、この解体業を開始して以来、解体部品の盗難
を警戒してからか、西武化学前構内への立ち入りは極
めて厳しくなり、解体場にレンズを向けることさえ出
来なくなった。そして人知れず廃止の日を迎えること
となったのである。　　　　　　　　　　（名取紀之）

蒸機時代からの木造の機関庫前で休むＤ
Ｃ101。足場に載せられた計量器もチャ
ームポイントだ。
1969.10.15　西武化学前
Ｐ：阿部一紀

あとがきにかえて

上武鉄道の存在を知ったのはまだ高校生のときで、当時は日本ニッケル鉄道と呼ばれていた。あるときクラブの先輩に「おまえ製番0という銘板を見たことがあるか」といわれ、半信半疑で見せられたのが円い日本車輌の銘板であった。そのとき、先輩は一緒に行った友人が魔法を使ったのだと真顔で話したが、現像して出来上がったその写真にはやはり0の文字しか見えなかった。

そんなことがあってから数年がたった1959（昭和34）年4月、初めて若泉を訪問した。このとき煙をはいていたのは西武から来た8号で、ほかにはD1001と称する初めてみるロッド式のディーゼル機関車がいた。このときは対岸に渡って上信電鉄のバスで高崎に出た。

2度目の訪問は1963（昭和38）年8月である。西武鉄道から大量に蒸気機関車が貸し出されたとの話に乗って出かけていった。このときは丹荘で列車を待った。やってきたのは7号の牽くミキストだったが、丹荘の駅に入る手前で牽いてきた貨車が脱線した。簡単な復旧工事で線路上に戻ったが、目の前で脱線を見たのは初めてだった。

実はぼくは1968（昭和43）年に『鉄道ピクトリアル』212号に私鉄車輌めぐり「上武鉄道」を執筆したことがある。3度目の訪問はその取材のためでもあった。このときにはすべて機関車はディーゼル機関車に置き換わり、ディーゼルカーまで入線していたが、専用鉄道然とした雰囲気はまったく変わらなかった。だから、この辺はかなり当時の記事が下じきになった。その後得た知識や調査、IT時代の情報なども活用させていただいた。また、和久田康雄さん、沖田祐作さんの労作はいつも基本にあった。さらにぼくが力を得たのは青木栄一、田部井康修、園田正雄、久保　敏、吉川文夫、湯口　徹、三宅俊彦さんたち趣味の大先輩の方々に貴重な資料をご提供いただけたことであった。

いつものように鉄研三田会の仲間、大谷正春、小林宇一郎、藤田幸一、竹中泰彦、田尻弘行、阿部一紀、荻原俊夫、堀川正弘、亀井秀夫さんたちに様々なご教示をいただいた。遅れる一方の原稿完成を辛抱強く待ってくださった名取編集長と共に、皆さんに厚く御礼申し上げたい。

高井薫平（鉄研三田会）

さながらカブースの如くハフ3を最後尾につけて去ってゆく列車。今日も車内に乗客の姿はない。　　　　　　1962.7.9　P：田尻弘行